国家出版基金项目
NATIONAL PUBLICATION FOUNDATION

大国经济丛书·新兴大国经济问题　　　主编　欧阳峣

新兴大国的市场力量

以中国食品与烟草产业为例

戴家武　著

格致出版社　上海人民出版社

总　序

经济学发展历史表明，经济理论的重要程度往往取决于被解释现象的重要程度。中国的崛起被称为"东亚奇迹"，"金砖国家"的崛起已成为"世界奇迹"，这说明大国经济现象的重要程度是毋庸置疑的。如果将典型的大国经济发展现实和经验的研究提升为普遍性的理论体系和知识体系，那么，中国经济学就有可能掌握国际话语权。

一般地说，掌握国际话语权应该具备三个条件：一是研究的对象具有典型意义，被解释的现象不仅对某个国家的发展具有重要意义，而且对世界的发展具有重要意义；二是取得的成果具有创新价值，在学术上有重要发现，乃至创造出新的科学理论和知识体系；三是交流的手段具有国际性，研究方法符合国际规范，可以在世界范围交流和传播。

在大国经济研究领域，第一个条件是已经给定的，因为大国经济发展具有世界意义。关键是要在第二个条件和第三个条件上下功夫。要通过创造性的思维和研究，深刻把握大国经济的特征和发展规律，构建大国经济的理论体系和知识体系，追求深层次的学术创新和理论突破；要使用国际化的交流手段，运用规范的研究方法和逻辑思维开展研究，从中国与世界关系的角度来看待大国经济问题，并向世界传播大国经济理论和知识体系，从而使大国经济理论具有世界意义和国际影响力。

我们将联合全国的专家学者，致力于探索超大规模国家经济发展的特征和规律，进而构建大国经济理论体系和知识体系。格致出版社以深邃的目光发现了这个团队的未来前景，组织出版这套《大国经济丛书》，国家新闻出版总署将其列入

"十二五"国家重点图书出版规划，为大国经济研究提供了展示成果的平台。

我们拥有这样的梦想，并且在集聚追求梦想的力量。我们期望这个梦想成为现实，并用行动构建中国风格的经济学话语体系，为中国经济学走向世界做出积极的贡献。

欧阳峣

前　言

本书构建了一个系统性分析框架,对中国主要食品工业部门市场力量的形成与影响进行了全面、深入的实证分析。

首先,本研究采用原始—对偶索洛余值法,同时估测出各行业的买方和卖方市场力量。估测结果表明,中国烟草、食糖和大米加工业在原材料收购环节和产品销售环节同时具有较强的买方和卖方市场力量,而且买方市场力量比卖方市场力量更大。

其次,本书构建了一个计量模型,实证分析了影响中国食品加工业市场力量的主要因素。研究结果表明,广告、研发、职工培训等投入费用,以及长期投资和税收等变量对市场力量的影响在不同行业中存在较大差异,既有正向影响,又有负向影响;而补贴、存货和国有控股对所有行业中企业的市场力量基本上都产生负向影响。

最后,本书采用计量方法实证分析了市场力量对价格传递、资源配置效率、X效率、利润效率的短期影响,以及对规模报酬、生产率和技术效率的长期影响。研究结果表明:其一,我国猪肉产业价格传递存在明显的不对称性,疫病对猪肉零售价格的冲击要大于其对生猪收购价格的冲击;我国猪肉零售商拥有一定的市场力量,这是导致猪肉产业价格传递不对称的一个重要原因;不同类型的安全事件冲击对猪肉价格及其传递的影响方向和大小不尽相同。其二,市场力量会带来一定程度的配置效率损失,由于各行业市场力量相差较大,相应的配置效率损失也不尽相同;在不同行业中,企业市场力量与配置效率损失之间基本上呈现出正相关关系,市场力量越大,配置效率损失也越高(甜菜糖加工业除外)。其三,大部分行业中,企业市场力量的增强会促进 X 效率的提升,拒绝了"安逸生活假说";所有行业国企市场力量对 X 效率的影响均小于非国企,一定程度上反映出国企效率较非国企低。其四,大部分行业中企业市场力量的上升,会促进其利润效率的提高;所有行业国有企业市场力量对利润效率的影响均小于非国有企业,间接表明了非国有企业比国有企业更有效率。其五,在本书所讨论的食品工业中,除烟草加工业存在规模报酬递增外,其余行业均为规模报酬递减;在大部分行业中,市场力量对生产率和规模报酬均产生显著的负向影响。其六,不同行业中企业市场力量对技术效率的影响既有正向的,也有负向的,而且显著程度也各不相同,总体上来看,显著的多于不显著的。这说明市场力量究竟对企业的技术效率产生何种影响,不能一概而论。

Abstract

In this research, a systematic analytical framework has been constructed and applied to conduct a full and deep empirical investigation of the formation and influence of market power in China's main food industry sectors.

First of all, the research employs the most frontier Primal-Dual Solow Residual approach to simultaneously measure oligopoly and oligopsony power of the selected sectors. Results indicate that China's cigarette, sugar and rice processing sectors exert both strong oligopsony and oligopoly power in the raw material market and product market respectively, and the former is stronger.

In addition, the main elements influencing market power in China's food processing sectors have been empirically analyzed via an econometric model. Results show that, in different sectors, the input of advertising, research & development(R&D) and employee training, as well as long-term investment and tax exerts different influences on market power, including positive and negative effects. The variables such as subsidy, inventory and state-controlling, however, generate negative effects on market power in all sectors.

Finally, econometric approaches are used to analyze the short-term impacts of market power on price transmission, allocative efficiency, X-efficiency and profit efficiency, as well as long-term return of scale, productivity and technical efficiency. Results indicate: (1) As significant asymmetric price transmission exists in China's pork industry, the impact of diseases on retail prices of pork is greater than that on purchase prices of hogs. China's pork retailers have a certain degree of market power, which is the main source of the asymmetry of price transmission in the pork industry. Different types of security incidents impact pork price and its transmission at different directions and scales. (2) Some degree of allocative efficiency loss is proved to be induced by market power. This effect varies across all sectors, for market power is significantly different in these sectors. A positive correlation is basically shown between market power and allocative efficiency loss, which means stronger market power tends to produce more allocative efficiency loss, except in the beet sugar industry. (3) Reinforcement of market power will promote X-efficiency of firms in most sectors, which refuses the Quiet Life Hypothesis. In all sectors, influence of market power on X-efficiency in state-controlled enterprises is weaker than that in non-state enterprises, reflecting that state-controlled enterprises are less efficient than non-state enterprises in a certain degree. (4) Increase of market power will raise profit efficiency of firms in most sectors, and influence of market power on profit efficiency in state-controlled enterprises is weaker than that in non-state enterprises, which indirectly manifests non-state enterprises are more efficient than state-controlled enterprises. (5) There is increasing returns of scale in the tobacco industry, but decreasing returns of scale in other industries in the food sector. In most industries, market power generates significant negative influence on productivity and returns of scale. (6) The effects of market power on technical efficiency vary in both direction and significance in different sectors. Overall, there are more significant effects than insignificant effects. The results indicate that we can not make a certain conclusion on the influences of market power on technical efficiency in all sectors.

目　录

第1章　绪论　001

　1.1　研究背景与意义　001

　1.2　研究目标与方法　006

　1.3　研究内容与技术路线　008

　1.4　研究的特色与创新说明　010

第2章　理论基础与行业背景　011

　2.1　市场力量的概念　011

　2.2　市场力量的估测方法及其演进　018

　2.3　中国食品工业的市场结构与绩效　024

第3章　中国食品工业市场力量的估测　037

　3.1　模型构建　038

　3.2　数据说明　041

　3.3　估计结果及解释　043

　3.4　小结　049

第4章　中国食品工业市场力量的形成　051

　4.1　文献回顾　052

　4.2　模型构建　054

　4.3　数据说明　056

4.4 结果分析 057

4.5 市场力量形成的其他决定因素 067

4.6 小结 076

第5章 中国食品工业市场力量的影响 078

5.1 市场力量对价格传递的影响 079

5.2 市场力量对资源配置效率的影响 100

5.3 市场力量对 X 效率的影响 107

5.4 市场力量对利润效率的影响 120

5.5 市场力量对规模报酬和生产率的影响 127

5.6 市场力量对技术效率的影响 137

5.7 本章小结 145

第6章 结论与建议 147

6.1 本研究的结论 147

6.2 本研究的政策建议 148

6.3 本研究的主要贡献和缺陷 151

附录 153

参考文献 166

后记 187

Content

Chapter 1   Introduction   001

    1.1   Research background and significance   001

    1.2   Research objectives and methodology   006

    1.3   Research content and technical route   008

    1.4   Research characteristic and innovation   010

Chapter 2   Theoretical basis and industrial background   011

    2.1   The concept of market power   011

    2.2   Estimation methods on market power and their evolution   018

    2.3   Market structure and performance of China's food industry 024

Chapter 3   Estimating market power for China's food industries   037

    3.1   Model construction   038

    3.2   Data specification   041

    3.3   Estimation results and explanation   043

    3.4   Summary   049

Chapter 4   The formation of market power of China's food industries   051

    4.1   Literature review   052

    4.2   Model construction   054

    4.3   Data specification   056

4.4	Results analysis	*057*
4.5	Other determinants on the formation of market power	*067*
4.6	Summary	*076*
Chapter 5	**The effects of market power of China's food industries**	*078*
5.1	The effect of market power on price transmission	*079*
5.2	The effect of market power on allocative efficiency	*100*
5.3	The effect of market power on X efficiency	*107*
5.4	The effect of market power on profit efficiency	*120*
5.5	The effect of market power on returns to scale and productivity	*127*
5.6	The effect of market power on technical efficiency	*137*
5.7	Summary	*145*
Chapter 6	**Conclusions and suggestions**	*147*
6.1	Conclusions	*147*
6.2	Policy suggestions	*148*
6.3	The main contributions and defects	*151*
Appendix		*153*
References		*166*
Postscript		*187*

第 1 章

绪论

1.1 研究背景与意义

1.1.1 研究背景

在古典经济学理论中,市场被假设是完全竞争的。由于自由资本主义时期企业大多由分散的资本家独立经营,尚未出现大规模的垄断组织,因而完全竞争的假设在当时具有一定的现实基础。19 世纪末,随着西方国家逐渐走向垄断资本主义,竞争理论越来越难以合理解释市场的垄断现象。此时完全垄断的假说占据上风,成为当时的主流观点。至 20 世纪初,以张伯仑和罗宾逊夫人为代表的经济学家逐步意识到完全竞争与完全垄断理论的局限性,认为这只是两种假设的极端形式,而介于两者之间的垄断竞争(或不完全竞争)才是市场的真实状态。由此,垄断竞争理论应运而生(张伯仑,1933;罗宾逊,1933)。垄断竞争理论一经提出,便广为流传,构成了新古典主义经济学的核心。

既然垄断竞争才是真实的市场状态,那究竟该如何来评估市场的垄断程度呢? 围绕这一问题,大量学者进行了广泛而深入的探索,其中,经济学家勒纳(Lerner)于 1934 年提出了一个至今仍然十分流行的概念——勒纳指数,即价格偏离边际成本的比例。价格偏离边际成本越多,说明企业增加一单位产量所能获取的利润空间越大,这种能力被定义为市场力量(Shepherd,1972)。由于边际成本难以被有效观测,因而,如何科学评估企业市场力量的大小成为 20 世纪 70 年代以来产业组织理论的一个重要研究课题。一大批学者从理论、方法、实证分析等多个角度展开了大量研究,从中可得出一个基本的结论——市场力量是一个普遍存在的客观事实,但在不同国家、不同产业、不同时期存在差异(见附表 1—4)。

早期相关研究只涉及下游产品市场上的卖方市场力量,随着研究的不断深入,越来越多的学者开始关注上游要素市场上的买方市场力量。Richard 和 Wen(1980)的研究表明,在外生冲击影响下,美国番茄加工企业同时存在买方和卖方市场力量,这是经济学界较早对买方市场力量进行实证研究的文献。随后,学者们围绕买方市场力量进行了一系列研究,结果大多表明买方市场力量要比卖方市场力量更大、更显著(见附表 1—4)。

作为一个拥有 13 亿多人口的新兴大国,中国正处于经济社会全面转型的关键时期。经历了 40 年的高速发展,也积累了不少问题。尤其在与老百姓日常生活关系最密切的食品工业,很多问题不断刺激着人们敏感的神经。从"谷贱伤农"的传统困境,到"豆你玩""蒜你狠""姜你军"的价格怪圈①,再到植物油、白酒、洋奶粉企业的价格操纵,近年来社会各界对食品市场上垄断现象的质疑越来越多、越来越强烈,国家也开始采取相应的反垄断措施来规范市场秩序。②

事实上,国内学者的一些研究也或多或少地印证了中国食品工业的垄断现象,如郝冬梅和王秀清(2003)、朱俊峰(2008)、蔡海龙(2010)的研究均表明中国烟草加工企业具有较强的市场力量;司伟(2005)和赵扬(2008)分别估测了中国食糖和植物油加工业的市场力量,结果发现在这两个行业中也存在不同程度的市场力量。Dai 和 Wang(2014)发现中国乳制品行业在原料奶收购和乳制品销售两个环节均存在一定程度的市场力量,而且在原料奶收购环节买方市场力量更强。Chen

---

① "豆你玩""蒜你狠""姜你军"是媒体对绿豆、大蒜和生姜等农产品价格涨幅大大超出合理区间的描述。这些农产品价格的疯涨,既受信息不对称和天气等客观因素的影响,又有收购商或企业在背后进行炒作和操纵。

② 2012 年,国家发改委产业协调司和价格司约谈了中粮集团、益海嘉里、中储粮油脂等 6 家企业,警示其不要炒作豆粕价格(资料来源:人民网,http://finance.people.com.cn/money/n/2012/0905/c42877-18923567.html)。2013 年,国家发改委开出的四张巨额反垄断罚单中,有两张就是针对食品企业的,包括对茅台和五粮液明令各经销商强制保价等垄断行为开出的 4.49 亿元人民币罚单,以及对美赞臣、多美滋、合生元等 6 家洋奶粉企业垄断经营开出的 6.7 亿元人民币罚单(资料来源:人民网,http://finance.people.com.cn/n/2013/0220/c1004-20535810.html;国家发改委官方网站,http://xwzx.ndrc.gov.cn/xwfb/201308/t20130807_552992.html)。

和 Yu(2018)的研究表明,中国生猪屠宰产业存在显著的市场力量。但总体上来看,这些研究所使用的数据大多是行业加总的年度时间序列数据,样本量较少,难以揭示企业之间的差异。

市场力量的估测仅是相关理论与政策研究的第一步,如何分析其形成的原因与影响才是重点和难点,也是产业组织理论的核心问题(Färe et al.,2012)。Shepherd(1972)指出,市场力量可能来自企业获取高额利润的垄断行为,也可能来自企业的技术创新或工艺改良。前者虽然能增加企业的垄断利润,但会损害消费者乃至整个社会的福利;后者同样给企业带来了高额利润,但往往也会给消费者带来新的效用,甚至会促进整个社会的进步。因此,科学分析市场力量的形成原因,是判断和规范企业行为的重要依据。然而,目前学术界对市场力量形成原因的分析寥若晨星,国外相关研究大多采用定性分析和简单的统计分析方法,缺少实证研究,国内学者则还没有对这一问题进行过探讨。

从现有文献来看,国外学者对市场力量影响的研究比较多,而且以实证研究为主,主题涵盖了市场力量对资源配置效率、价格传递、生产技术、X 效率和利润效率等多方面的影响(相关研究综述详见第 5 章各节的文献回顾部分)。国内也有少数学者分析了市场力量对配置效率的影响(郝冬梅、王秀清,2003;朱俊峰,2008;司伟,2005;赵扬,2008),但对其他方面影响的研究则较为欠缺。

综合而言,市场力量的存在是一个普遍的客观事实,其强弱因国情、产业特征及时间不同而有差别。中国作为重回世界舞台的新兴大国,在人口数量、国土面积、市场规模等方面均具有明显的大国优势(李君华、欧阳峣,2016),但在技术与成本效率、创新能力、规模经济等方面与发达国家相比仍然存在一定的差距,而这些均与各个产业的市场力量密切相关(Shepherd,1972)。因此,关于中国这一新兴大国市场力量的研究显得非常必要。虽然学术界对市场力量的研究非常丰富,但大多是从不同的角度切入,研究视角、思路和方法各不相同,缺乏一个系统的分析框架;同时,对中国有关问题的研究十分匮乏,在很多方面(如买方市场力量的估测、市场力量的形成)甚至几乎空白。基于此,本研究拟结合相关的经济学理论和权威文献,构建一个系统的分析框架,全面深入地分析中国食品工业市场力量的形成与影响。

之所以选择食品工业作为研究对象，主要基于其在国民经济中的重要地位，一方面，食品工业为国家和社会贡献了大量财税收入及就业机会，而且其原材料大多来自农业，直接影响到农民收入的增长；另一方面，食品工业是工业体系中与老百姓关系最密切的部门，食品的价格和质量深深地影响着人们每一天的生活。此外，近年来食品工业备受关注的价格与垄断问题也是本研究立意的重要背景。

众所周知，国外（尤其是美国和欧盟）很多关于市场力量的研究成果因其科学的方法、合理的数据、严密的论证，往往成为政府制定政策的重要依据。如美国反垄断措施的制定，经常会借鉴学术界的前沿理论和方法，一些有影响力的学者甚至被聘为政府相关部门的官员或顾问。[1]随着市场经济的不断完善，中国在反垄断实践方面必然会越来越规范，对具体产业中市场力量的实证研究也显得十分必要而迫切。

1.1.2　研究意义

1. 理论意义

本研究的理论意义体现在对有关分析框架、理论方法与计量模型的构建与改进，主要包括：

第一，尝试构建一个关于市场力量的系统性分析框架。通过借鉴和改进学术界最前沿的理论和方法，将估测买方和卖方市场力量、分析市场力量的形成原因及影响纳入同一个框架中，避免已有相关研究在思路和方法等方面比较零乱的缺陷。这一分析框架同样可用于分析其他产业市场力量的相关问题。

第二，尝试构建分析市场力量形成原因的计量模型。目前国内外关于市场力量形成原因的分析大多以简单的统计分析和定性分析为主，本研究突破这一局限，首先构建一个随机前沿成本函数和边际成本函数，然后根据边际成本估测出企业的勒纳指数，最后构建一个双对数模型，以分析影响企业市场力量形成的主

---

[1]　20世纪70年代，在美国司法部任职的经济学家一般在三四十人，在联邦贸易委员会任职的经济学家则多达七八十人(Stigler, 1982)。

要因素。其中,通过引入一个代表企业产权性质的虚拟变量,使得模型能够区分国有控股企业和非国有控股企业在这方面的差异。这一模型同样可用于实证分析其他产业市场力量的形成原因。

第三,尝试构建分析市场力量对企业技术效率影响的模型。此前关于市场力量对企业技术效率的影响非常少,仅有的两篇外文文献都是理论上的探讨,并没有进行实证分析。本研究借鉴随机前沿生产函数的思路,推导出企业技术效率的计算公式,进而构建市场力量对技术效率的影响模型,可以为将来相关研究提供一定的参考。

第四,与市场力量形成的分析相似,本研究在分析市场力量对企业效率(X 效率、利润效率和技术效率)的影响时,将企业产权性质的虚拟变量与市场力量的交叉项引入模型,使模型可以区分国有和非国有控股企业市场力量对效率的影响,期望为相关研究和政策制定提供参考。

2. 实践意义

第一,同时估测中国主要食品工业部门的买方和卖方市场力量。通过结合现实背景,对各行业的市场力量进行对比分析,可为相关研究和反垄断实践等提供有价值的参考。

第二,实证分析中国主要食品工业部门市场力量的形成原因。得益于新颖的方法和翔实的数据,本研究得出了一些比较有说服力的结论,弥补了已有研究主要采用定性分析和简单的统计分析的不足,可为今后相关的研究和行业规范措施的制定提供有价值的参考。

第三,实证分析市场力量的有关影响,可为日后相关研究和政策制定提供有价值的参考。例如,第 5.1 节中采用质量较高的月度时间序列数据,以及前沿的理论与计量模型,实证分析了在外生冲击影响下,企业市场力量对猪肉产业价格传递的影响。结果表明中国猪肉产业价格传递存在明显的不对称;中国猪肉零售商拥有一定的市场力量,这是导致猪肉产业价格传递不对称的一个重要原因;不同类型的安全事件冲击对猪肉价格及其传递的影响方向和大小不尽相同。这些结论对于今后有关价格传递的研究,以及中国食品价格的管理等都有一定的参考价值。

1.2　研究目标与方法

1.2.1　研究目标

本研究的主要目标不在于对各行业的实际问题展开细致的剖析，而在于对市场力量的有关理论与方法进行深入探讨与大胆尝试，以期为将来这方面的研究提供一个系统分析框架、一些前沿的方法乃至新鲜的视角。这是本研究选择众多行业进行对比分析，而非就某一个行业进行深入探讨的主要原因。但在论证思路上，依然坚持理论与实践相结合，而非纯理论或纯方法论研究。这样做的目的主要是避免本书所涉及的理论和方法严重脱离现实，成为空洞无力的"纸老虎"，同时也希望为解决实际问题提供一些有价值的参考。

因此，本研究一方面拟在方法上进行改进与创新，试图构建一些可操作性强的理论与计量模型；另一方面对中国食品工业的实际情况进行实证研究，将现实资料和数据与理论模型有机结合，试图在分析和解决实际问题方面提供科学合理的政策建议。本研究的总目标可概括为：在分析行业市场结构的基础上，对中国主要食品工业部门的买方和卖方市场力量进行估测，进而探讨各行业市场力量的形成原因及其影响。具体目标如下：

第一，估测主要食品工业部门的市场力量。由于此前估测市场力量的方法大多存在精确性不够、只能估测卖方市场力量、所需数据不易获取等不足，因此，本研究拟采用最前沿的原始—对偶索洛余值法，以及质量较高的面板数据，估测出各行业的买方和卖方市场力量。

第二，分析影响各行业市场力量形成的主要因素。从已有研究成果来看，国外关于市场力量来源的研究虽不少，但大多以定性分析或简单的描述性统计分析为主，缺乏严谨的理论分析框架，而国内对市场力量来源的研究完全空白。本研究拟在估测出市场力量大小的基础上，试图以理论推导和计量分析为主，以定性分析为辅的思路,探讨影响各行业市场力量形成的主要因素,为后文及其他相关研究提供合理依据。

第三,分析中国食品工业市场力量的各种影响。市场力量的影响是本书的研究重点,也是难点。在前两步的基础上,本研究拟用较大篇幅深入分析食品工业市场力量所带来的影响,包括对价格传递、规模报酬、生产率、资源配置效率等方面的影响。不仅要通过理论推导,对现有模型进行改进乃至构建新的模型框架,在理论方法上取得一定的突破和创新,而且要运用科学的计量方法对模型进行估计,对各种市场力量的影响有一个较全面、客观的把握,为相关研究及政策制定提供一定参考。

1.2.2 研究方法

1. 定性分析法

有关概念、背景等方面的内容需要采用定性分析,一方面是为了弥补数理分析在这些方面的不足,以便更加清晰地对概念和背景进行描述和梳理;另一方面,有些变量的数据无法获取,只能通过文字进行分析。如第 2 章关于市场力量的概念和第 4 章分析市场力量形成的部分内容,就需要进行定性分析。

2. 描述性统计分析法

描述性统计分析主要是以数据图表对有关问题进行直观的论述,应用这一方法的主要内容包括对食品工业结构与绩效的描述,如行业的工业总产值、利润、税收以及企业数量、亏损等。同时,在市场力量的形成因素方面,对于无法纳入计量模型的变量,可通过估算相关系数矩阵等统计指标来进行探讨。与纯粹定性分析相比,通过客观的数据进行分析会更加具有说服力。

3. 数理论推导法

在估测市场力量、分析市场力量来源及各种影响的模型中,需要依据相关的经济学理论和数学方法进行推导。如对价格传递模型的推导,以及对分析市场力量影响的模型和有关弹性公式的推导等。理论推导一方面是为了更加合理地分析市场力量的影响及作用机理,另一方面是为构建有关计量模型奠定理论基础,从而使得计量分析更加具有说服力。

4. 计量分析法

计量分析是本研究中最重要的研究方法,通过构建相关的计量模型,采用各行业的面板数据或者时间序列数据对模型进行回归分析,以得出更贴近实际情况的结论。本研究所采用的计量分析方法包括广义最小二乘法、VAR 模型、VEC 模型、脉冲响应分析法、非线性联立方程组估计法、异方差稳健回归分析法和广义矩(GMM)法等,所用的计量分析软件为 Stata 12.1。

1.3　研究内容与技术路线

1.3.1　研究内容

第 1 章为绪论,主要介绍本研究的研究背景、意义、国内外研究现状,以及研究目标和方法;

第 2 章为理论基础与行业背景,首先介绍市场力量的概念、度量指标和估测方法,这些都是估测市场力量并分析其形成和影响的理论基础;然后对中国食品工业的运行状况和市场结构等进行简单的总结概括,为后文的实证分析交代现实背景。

第 3 章对中国食品工业市场力量进行实证估测。首先,在估测方法上,拟采用最前沿的原始—对偶索洛余值法,同时估测出各行业的买方和卖方市场力量;其次,在数据上,采用企业层级的面板数据,弥补以往时间序列数据样本量小的缺陷,既可提高模型估计的精确性,又能发掘出行业加总数据难以获取的某些信息。

第 4 章对中国食品工业市场力量的形成进行实证分析,这是本研究的核心内容之一。从已有文献看,这方面研究大多以定性和简单的统计分析为主,尚未有可借鉴的模型和方法。因此,本章先构建出分析市场力量形成的计量模型,并以企业层级的面板数据对模型进行估计。对于那些难以通过理论推导或计量方法分析的因素,拟采用定性分析和描述性统计分析进行论述。

第5章分析市场力量的影响,是本书研究的重点和难点,将其分为六小节进行详细论述,包括市场力量对价格传递、规模报酬和生产率、配置效率、X效率、利润效率和技术效率等方面的影响。方法上以数理推导和计量分析为主,数据既包括样本量较大的月度时间序列数据,还包括企业层级的面板数据。本章在方法和思路上取得了一定突破,得出了一些重要的结论。

第6章为结论,对本研究主要思路、方法和结论进行梳理总结。

1.3.2　技术路线

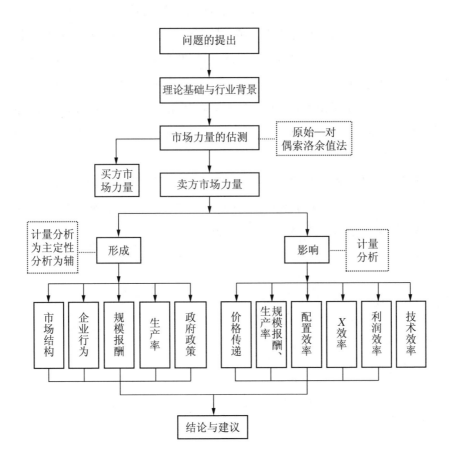

1.4 研究的特色与创新说明

第一，尝试对中国食品工业市场力量进行全面深入的研究。在使用前沿的方法估测出各行业买方和卖方市场力量的基础上，实证分析了卖方市场力量的来源和影响，为促进食品工业健康发展提供新的依据。

第二，理论方法上有一定突破。尝试构建计量模型对市场力量的形成进行了实证分析；在国内首次实证分析了市场力量对食品加工企业规模报酬、生产率、X 效率、利润效率和技术效率等方面的影响；通过设置虚拟变量，将国有企业和非国有企业市场力量对 X 效率、利润效率和技术效率的影响进行区分和对比。

第三，本研究尝试使用企业层级的面板数据对中国食品工业的市场力量进行研究，数据主要来自《中国工业企业数据库》，包括 1999—2011 年共 13 年，样本量较大，数据整体质量较高。

第四，尝试对市场力量的估测、形成及影响进行了综合研究。本研究吸取了目前国内外关于市场力量的研究的最新思路和方法，并结合中国主要食品工业部门的具体情况，构建了一个系统、全面的分析框架。

第 2 章

理论基础与行业背景

在经济学的市场理论中存在两种极端假设——完全垄断和完全竞争。这两种假说在资本主义历史上都曾广泛流行,直到 20 世纪 30 年代张伯仑和罗宾逊夫人等经济学家提出垄断竞争(或不完全竞争)理论之后,人们才逐步突破以往局限,开始以更为现实的视角构建经济学的理论大厦和分析框架。在此背景下,产业组织理论得以诞生并快速发展。产业组织理论主要研究不完全竞争市场的运行、绩效及厂商行为,其中,市场力量是这一理论体系的核心概念。因此,产业组织理论也被视作一门专门研究市场力量的形成、实施、维持及其效果的学问。

2.1 市场力量的概念

2.1.1 什么是市场力量

市场力量(Market Power)这一概念何时提出已经无从考证[①],但最早对其进行定义的是 Shepherd(1972),他指出,"市场势力是指市场的一个或一群参与者(自然人、公司、全体合伙人或其他)影响产品价格、数量和性质的能力"。对产品数量和性质的影响只是手段,任何个人或企业运用市场力量的最终目的是要控制

[①] 在一些经济学文献中也常被称作垄断力量或垄断势力,如易家详(1980)在翻译 William G. Shepherd 的 *Market Power and Economic Welfare*: *An Introduction* 一书时,认为作者所谓的市场势力就是垄断势力。

产品价格，从而实现其利润的最大化。

然而，这一概念仅涉及产业链下游，即厂商向消费者出售产品时的情况，而忽略了产业链上游的类似情形。事实上，在下游拥有市场力量的厂商往往在上游市场上也拥有一定程度的市场力量，甚至上游的市场力量更显著、更强，前者又称卖方市场力量(Seller Market Power)，后者则为买方市场力量(Buyer Market Power)。

因此，可根据上述概念对买方市场力量进行类似定义，即买方市场力量是指市场的一个或一群参与者(自然人、公司、全体合伙人或其他)影响要素收购价格、数量的能力。同理，拥有买方市场力量的厂商，可以通过调节其要素的收购量来影响要素的收购价格，从而实现其成本的最小化。

2.1.2　市场力量的度量指标

作为衡量市场不完全竞争程度的一个重要概念，市场力量在进行量化时必须有一个可计算的标准，以便直观地对其进行判断和深入分析。在产业组织理论的发展过程中，涌现出许多测度市场力量的指标，大致可分为两大类：其一是以市场结构的相关指标来近似地度量市场力量，如市场份额、市场集中度[包括 CR(n)——市场前 n 家企业的总份额、赫芬达尔指数等]；其二是基于 NEIO 模型的指标，如 Panzar 和 Rosse 的 H 统计量、猜测弹性、勒纳指数等(Solís and Maudos，2008)。这些指标的内涵和经济学意义各不一样，计算的难度及所需数据等也不同，因而在衡量市场力量的适用性上存在较大差异。

1. 市场结构指标

早期研究大量使用市场结构指标来衡量市场力量，主要因为市场力量与市场结构关系非常密切，而且在早期关于市场力量的研究中，计量经济模型的应用还不太成熟。相关指标主要有市场集中率、赫氏指数、贝恩指数等。

市场集中率是指产业内最大的 m 个企业的市场份额之和，其数值介于 0 和 1 之间，数值越大，产业的垄断程度越大，反之，则竞争程度越大。早期文献大多以此作为市场力量的衡量指标，但它无法显示前 N 家厂商之间规模的相对大小。与此相对,赫芬达尔指数对规模大的厂商赋予较大的权重,突出大厂商的影响力,能够显示出产业内厂商规模的差异,在一定程度上弥补了市场集中率的缺陷。其数值也在 0 与 1 之间,数值越大,则产业内的企业所具有的市场力量也越大(Herfindahl, 1950;Hirschman, 1964)。

20 世纪 70 年代,哈佛学派的重要人物贝恩(J.Bain)提出了"结构—绩效"的分析范式,此后谢勒(Scherer)将扩展成"结构—行为—绩效"范式,成为产业组织理论的基本框架,影响至今。从"结构—行为—绩效"的范式来分析,市场集中度往往会对市场力量产生一定的影响,集中度越高,企业的市场力量一般越大,更容易操纵价格,攫取超额利润;而集中度较低,行业的竞争往往比较激烈,企业的市场力量也相对较弱。

Cowling 和 Waterson(1976)的研究表明,市场力量与集中度指标(HHI 指数或 CR4 指数)之间存在显著的正相关关系,认为集中度是市场力量的影响因素。但也有学者认为两者之间并不存在必然的关系,如 Shepherd(1972)所指出的,尽管集中度与市场力量之间可能存在相关性,但并不能认为集中度必然是市场力量的决定因素。Feinberg(1980)认为,市场集中度与市场力量存在正相关的概念缺乏足够的支持。此外,Guevara 等(2005)及 Maudos 和 Fernández de Guevara(2007)的研究也表明,以集中度作为市场力量的度量指标是有缺陷的。此外,很多学者都提出以市场集中度(如赫氏指数)来衡量市场力量或竞争性并不可靠(Berger et al., 2003;Claessen and Laeven, 2004;Maudos and Guevara, 2004, 2006;等等)。

事实上,市场份额大的企业,也可能拥有较小的市场力量,比如,假设市场上只有两家企业,两者的市场份额都非常大,但如果相互之间展开激烈的价格竞争,则各自的市场力量可能都很小;而如果两家企业存在合谋行为,则可能都拥有非常强的市场力量。这一点对买方和卖方市场力量都成立。如 Richards 等(2001)指出,尽管较高的买方市场集中度表明企业具有较强买方市场力量的潜力,但这并不意味着企业一定会或者一定能利用这一市场力量来为其谋利,比如当其中的买方寡头垄断者实施激烈的价格竞争策略时,其买方市场力量依然会接近完全竞争水平。当企业实行恶性价格竞争策略时,企业的市场力量甚至可能为负。一个基本的事实是,政府不可能仅因为企业市场份额过大,或者行业市场集中度过高,而采取相应的反垄断措施。因此,市场集中度与市场力量之间的关系存在不确定性。

贝恩指数是通过考察利润来评估市场力量的大小,但市场力量与利润之间并不存在必然的关系,因此,贝恩指数只能作为一种评估潜在市场力量的参考(Bain,1959)。而基尼系数则是由洛伦兹曲线(Lorenz Curve)引申得出的,其值越大,表示厂商之间的差异越大,即厂商越具有市场力量。该指标也存在较明显的缺陷,如在市场占有率相同的垄断市场上,基尼系数的值会与完全竞争市场相同,此时该指标并不能反映寡头市场的垄断力量(郝冬梅,2001)。基于市场结构和市场力量的相关性,Lustgarten(1975)和 Schumacher(1991)提出了买方集中度指标用以衡量买方市场力量。

2. 勒纳指数

1934 年,经济学家勒纳在新古典分析框架下,通过理论推导,提出了一个逻辑性较强的指标——勒纳指数(Lerner Index),用以衡量垄断力量(即市场力量)的大小(Lerner,1934)。根据利润最大化原则,可推导出勒纳指数的公式。

首先,厂商(包括产品的生产者和销售者)的利润可表述为:

$$\pi(Q) = P(Q)Q - C(Q) \tag{2.1}$$

厂商的边际收益为:

$$MR(Q) = P(Q) + \frac{dP(Q)}{dQ}Q \tag{2.2}$$

根据利润最大化条件 $MR(Q) = MC(Q)$ 可得:

$$P(Q) + \frac{dP(Q)}{dQ}Q = MC(Q) \tag{2.3}$$

进一步有:

$$L = \frac{P(Q) - MC(Q)}{P(Q)} = \frac{1}{\varepsilon} \tag{2.4}$$

其中，ε 为需求价格弹性。等式(2.4)中间项即为勒纳指数，代表厂商产品价格超出边际成本的比例。该值越大，说明产品价格高于边际成本越多，厂商对价格的操控能力越强。因此，这一公式也被用来衡量市场力量的大小（Lerner，1934）。

在市场完全竞争的条件下，价格等于边际成本，L 为 0；而当市场完全垄断时，市场上唯一的垄断厂商可将其产品的价格定得远远高于边际成本，L 趋近于 1。因此，正常情况下，勒纳指数值在 0 和 1 之间变动，越趋近于 1，表明厂商的市场力量越强，反之，市场力量则越弱。然而，短期内企业有可能处于严重亏损，或者在市场不景气时，产品价格可能低于边际成本，此时 L 小于 0。但从长期来看，企业不可能一直处于亏损状态，要么扭亏为盈，要么倒闭淘汰。

与勒纳指数相似，markup（价格—成本加成）也常被用于衡量市场力量的大小，广泛地出现在相关的英文文献中。事实上，markup 只是勒纳指数的简单变形，其计算公式为 P/MC，所以，markup $= 1/(1-L)$。

早期对市场力量的研究只涉及下游的产品市场，即只对产品的价格、数量和性质受市场参与者（主要是企业）影响的情况进行分析（Shepherd，1972；Bresnahan，1982，1989；Lau，1982；Bhuyan and Lopez，1997；Raper et al.，2000；等等）。随着研究的不断深入，越来越多的学者开始关注上游要素市场上的买方市场力量。Richard 和 Wen（1980）研究了在外生冲击影响下美国番茄加工业的买方和卖方市场力量情况，其研究结果表明美国番茄加工企业同时存在买方和卖方市场力量，这是经济学界较早对买方市场力量进行实证研究的文献。随后，从各种角度对买方市场力量进行研究的文献层出不穷，而且大多认为买方市场力量要比卖方市场力量更大、更显著（Hyde and Perloff，1994；Hamilton，1994；Love and Shumway，1994；Rogers and Sexton，1994；Raper and Love，1999；Raper et al.，2000，2007；Ji and Chung，2010；戴家武等，2011；等等）。

由于勒纳指数的最初形式只能分析产品市场上的情况，无法衡量厂商在要素市场上存在的买方市场力量。随着产业组织理论的不断发展，买方市场力量的衡量指标逐渐被提出并得以发展。Raper 等（2000）通过对传统的 NEIO 模型进行扩展,使其能同时估测买方和卖方市场力量,并在新模型中设立了一个衡量买方市场力量的参数 λ_s, λ_s 等于 0 或者等于 1 分别代表在要素市场上完全竞争和完全垄断两种极端情形, $0 < \lambda_s < 1$ 则表示在要素市场上存在一定程度的买方市场力量。此后,随着索洛余值法在估测市场力量方面的广泛应用,一种新的衡量买方市场力量的指标被提出,即买方勒纳指数。根据成本最小化原则,可推导出买方勒纳指数的公式。

由于厂商在要素市场上具有买方市场力量,要素价格不再固定不变,而是随要素的使用量而变化,设要素的供给函数为 $W(L)$,因而其要素使用原则为:

$$VMP = MFC \qquad (2.5)$$

其中,VMP 代表边际产品价值,MFC 代表边际要素成本(即增加一单位要素投入所增加的总成本(高鸿业,2004)。

厂商的边际要素成本为:

$$MFC = W(L) + L \cdot \frac{\mathrm{d}W(L)}{\mathrm{d}L} \qquad (2.6)$$

因而,根据式(2.5)可得:

$$VMP = W(L) + L \cdot \frac{\mathrm{d}W(L)}{\mathrm{d}L} \qquad (2.7)$$

从而可得:

$$\beta^{ms} = \frac{VMP - W}{W} = \frac{1}{\eta} \qquad (2.8)$$

其中,η 为该要素的需求弹性,β^{ms} 的值不以 1 为上界,值越大则表明厂商的买方市场力量越强(Raper et al.,2007)。

2.1.3 市场力量与垄断力量、寡占力量的区别与联系

在很多文献中,市场力量与垄断力量或寡占力量往往混为一谈,认为三者只

不过是以不同的名词来描述同一概念而已。诚然,这三个概念在很多方面具有一定的相似性。首先,就其分析对象来看,三者都用于判断和度量厂商的生产经营行为是否偏离了竞争水平,以利于厂商获取更多的超额利润;其次,从主流文献来看,三者的度量公式是一致的,均以勒纳指数或其变形来表示,就这一点而言,将三者视为同一概念也有其道理。然而,综合有关理论可以发现三者是有明显区别的。

第一,三者所指的范围不同。相比而言,市场力量的概念更宽泛,所适用的范围包括一切形态的市场结构,如垄断竞争、寡头垄断和完全垄断市场等。只要不是完全竞争的市场,就可以认为该市场上的厂商存在市场力量。而垄断力量和寡占力量的含义更加明确,分别指向完全垄断市场和寡头垄断市场。比如,根据微观经济理论,完全垄断市场是指整个市场由唯一的一家企业所控制,该垄断企业往往具有非常强的垄断力量。当然,在现实中,完全垄断的市场是非常少见的。而寡头垄断市场则是指由少数几家企业控制整个市场的现象,这些寡头企业往往也具有操纵市场价格、攫取超额利润的能力,这就是寡占力量。寡头市场的情形在现实中比较常见,比如汽车、石油、钢铁、铁路、航空等。

第二,三者的内涵不完全相同。市场力量既包含厂商的主观垄断行为,也有其他客观因素(如政府政策、规模报酬、技术进步等)在发挥作用;而垄断力量主要强调的是厂商的垄断行为,包括政府行政干预、操纵市场价格和设置进入壁垒等;寡占力量则倾向于描述在寡头垄断市场上,厂商通过合谋或相互竞争等方式,共同影响市场供给、价格以及产品特性等。换而言之,垄断力量和寡占力量一定是市场力量,但市场力量不一定是垄断力量或寡占力量。

一个厂商具有很强的市场力量,并不能说明该厂商一定存在恶劣的垄断行为,如某些企业由于拥有独特的技术、配方、服务等,在特定的市场范围内占据绝对支配地位,但却不一定(或者不经常性)使用垄断行为,如微软、苹果、可口可乐、迪士尼等行业巨头。它们的高额利润主要得益于合法的专利技术、配方及设计等,并非来自其他不正当的垄断手段。而反过来,垄断力量和寡占力量较强的行业,厂商的市场力量也一般都比较强。垄断力量和寡占力量是构成市场力量的重要部分,但市场力量不仅仅有垄断的成分,还包括其他非主观因素。

第三,三者的性质不同。这一点与第二条区别是紧密相连的,对于拥有市场力量的企业或个人,我们应该首先判断其市场力量的来源。因合谋、勾结等垄断性经营行为而引致的垄断力量,不管强与弱,都应严格限制,甚至要接受法律的制裁;而因技术、专利、品牌效应等合法手段形成的市场力量,则应根据实际情况合理对待。正如 Shepherd(1972)指出的,"大致说来,只要是市场势力未被证实是通过不规矩的手法得来或者是运用得超出了合理的范围,那么,市场势力的拥有者就可以不负罪责"。

当然,市场力量较强必须受到严格限制或制裁,否则会给消费者和要素供给者带来严重损害。只是,因技术而引发的较弱的市场力量,一方面是客观的经济规律,不可能完全取消,另一方面,在不明显损害其他市场主体利益的前提下,一定程度的市场力量对于促进技术进步是有好处的,关于这一点,可参考熊彼特及其追随者的一些研究。

2.2　市场力量的估测方法及其演进

20 世纪 70 年代以来,估测市场力量的方法虽然层出不穷,但主流方法主要是三种:一是建立在新经验产业组织理论上的 NEIO 模型;二是建立在索洛余值基础上[因其由 Hall(1988)提出,故又被称作 Hall 方法];三是建立在偏好理论基础上的非参数法。

2.2.1　新经验产业组织模型(NEIO Model)

在很长一段时期内,国外(包括目前的国内)估测市场力量使用较广泛的方法是由 Appelbaum(1979，1982)、Bresnahan(1982)及 Lau(1982)建立的 NEIO(New

Empirical Industrial Organization)模型,其主要思路是通过计量方法来分析厂商在利润最大化目标下的定价及其他相关行为,与传统的"结构—行为—绩效"范式相比,这一模型的最大特点在于可以较好地将厂商行为参数化,并通过较易获取的数据对行为参数进行估计(Bresnahan, 1989;Bhuyan and Lopez, 1997)。国外很多学者采用这一方法进行了大量的实证研究(Appelbaum, 1982;Bresnahan, 1981a, 1982, 1989;Lau, 1982;Roberts, 1984;Schroeter, 1988;Azzam et al., 1990;Morrison, 1990;Schroeter and Azzam, 1990;Hazilla, 1991;Barnett et al., 1995;Bhuyan and Lopez, 1997;Genesove and Mullin, 1998;Raper et al., 2000;Lopez et al., 2002;Mérel, 2009;Digal, 2010;Ji and Chung, 2010;Hovhannisyan et al., 2012;等等)(相关的研究成果见附表1)。

尽管如此,早期的 NEIO 模型存在诸多缺陷,其中之一就是规模报酬不变的假设,这在一定程度上会导致模型的估计结果产生偏差。[1]国内学者通过对中国工业部门的实证研究结果表明,市场力量最强的是烟草加工业,勒纳指数为 0.6—0.9 不等(郝冬梅、王秀清,2003;朱俊峰,2008;蔡海龙,2010);其次是食用植物油加工业,最低年份约为 0.32,最高年份接近 1(赵扬,2008);食糖的市场力量较弱,介于 0.16—0.50 之间(司伟,2005)。与此同时,有学者从不同角度证明了使用 NEIO 模型估测出的市场力量大小不够精确(Hyde and Perloff, 1994;Boyer, 1996;Genesove and Mullin, 1998)。尤其是当使用动态寡占模拟时,误差会进一步放大(Corts, 1999)。此外,Perloff 和 Shen(2012)指出,在使用结构模型估测市场力量时应注意共线性问题,否则会出现模型不可估计或估计结果不稳定、不可靠等问题。

2.2.2　索洛余值法(Solow Residual)

Hall(1988)在索洛余值理论的基础上提出了估测市场力量的另一种方法——

---

[1]　Morrison(1992)的实证研究表明,在规模报酬递增的行业中,规模报酬不变的假设会低估市场力量。

索洛余值法[①],这种方法的主要优点是不需要设定具体的生产和成本函数形式,可以直接用产出量和价格、各种要素的投入量和价格等数据对模型进行估计。但由于自变量与残差项之间存在相关性,即存在内生性问题,因此必须选取一个工具变量。

Domowitz 等(DHP)(1988)在 Hall(1988)的基础上对索洛余值法进行了改进,明确考虑了中间投入品(原材料)的贡献。而 Norrbin(1993)则认为 Hall(1988)的方法由于使用增加值代替产出量,同时又忽略了中间投入品的贡献,因而得出对市场力量的估计是有偏的。通过对该方法进行改进和实证分析,Norrbin 证实了其观点。此外,Hyde 和 Perloff(1994)指出,虽然 Hall 模型可操作性和解释性都很强,但在规模报酬可变的情况下,其对市场力量的估测会产生一定的偏差。

Roeger(1995)进一步对 Hall 模型进行了扩展,并将索洛余值法分为两种:原始索洛余值法(Primal Solow Residual Approach)和对偶索洛余值法(Dual Solow Residual Approach)。原始索洛余值法即为 Hall(1988)和 DHP(1988)提出及改进的索洛余值法,而对偶索洛余值法则是从成本函数入手,以要素价格变化率的加权与产品价格的变化率之差来度量索洛余值。Roeger 在 Hall 和 DHP 的基础上提出了一种新方法——原始—对偶索洛余值法,这一方法的最大优点在于不需使用工具变量,因为模型中的残差项与自变量之间不存在显著的多重共线性,即模型的内生性得以有效控制,但这种方法也只能对卖方市场力量进行估测。

很多学者在 Hall 和 Roeger 的基础上,对模型进行各种改进,进行了一系列的实证研究(DHP, 1988;Kamerschen and Park, 1993;Roeger, 1995;Martins et al., 1996;Klette, 1999;Felipe et al., 2002;Kee, 2002;Badinger and Wien,

---

[①] 其核心思想是比较单位资本产出(产出/资本)的实际增长率与预期技术进步率加上单位资本劳动投入(劳动/资本)的增长率之和的差别,在完全竞争条件下,两者是相等的,但如果市场是不完全竞争的,即存在买方或卖方市场力量,则两者不再相等,Hall 认为是市场力量的存在导致这种差别的产生。在此基础上推导出相关的公式及计量模型,从而估测出市场力量的大小。

2004；Boyle，2004；Roeger et al.，2004；Raper et al.，2007；等等）（相关的研究成果见附表 2）。其中，Hall(1988)、DHP(1988)及 Roeger(1995)使用同样的数据、不同的方法估测了美国各工业部门的市场力量，从估测结果来看，后两者比较接近，而 Hall 则明显地高估了几乎所有行业的市场力量。由于 Roeger(1995)构建的原始—对偶索洛余值法只能估测卖方市场力量，为此，Raper 等(2007)在此基础上进行了改进，使其可同时估测买方和卖方市场力量。目前采用这一方法的研究并不多。

2.2.3　非参数法(Nonparametric Test)

Ashenfelter 和 Sullivan(1987)在估测美国烟草企业市场力量时，根据显示性偏好公理，构建了另一种估测市场力量的方法——非参数法。这一方法最大的特点在于模型的估测只依赖于相关数据，而不需要设定具体的函数形式。其主要思路在于，拥有市场力量的厂商会通过限制产量来实现其利润最大化，每一个观察到的价格所对应的产量都是利润最大化的产量，即不存在其他的产量选择能获得更高的利润。

但 Ashenfelter 和 Sullivan 的方法存在两个明显的缺陷，即假设需求函数固定不变，成本函数中除消费税外也固定不变，并且没有技术进步。为此，Raper 等(2007)对这一方法进行了改进，放松了需求函数和成本函数不变的假设条件，从而较好地克服了上述缺陷。

非参数法是一种较为特别的估测市场力量的方法，其最大特点在于能将产业内古诺均衡的厂商数量与市场力量联系起来，而且改进后的模型还能检验买方和卖方市场的存在与否，以及两者的大致范围。但由于不等式的天然性质，这一方法不能精确地将古诺均衡的厂商数量转化为相应的买方和卖方勒纳指数(Raper et al.，2007)，因而在相关研究中应用相对较少，见(Love and Shumway，1994；Raper and Love，1999；Raper et al.，2007)（相关的研究成果见附表 3）。

2.2.4　其他方法

除上述三种方法外,有学者还提出了估测市场力量的其他方法,如猜测变量法。猜测变量法是早期较规范的市场力量估测方法。猜测变量是指在古诺竞争的假设条件下,企业对竞争对手针对自己调整产量后所做出反应的预期。在古诺竞争的条件下,通过对企业利润最大化进行推导,可得出猜测变量与勒纳指数之间的关系。一些学者从这一角度出发,对市场力量估测做了较多的实证研究(Iwata,1974; Roberts, 1984; Spiller and Favaro, 1984;等等)。猜测变量法是评估市场力量的较原始的方法,其主要优点在于逻辑关系简单,推导过程严谨可靠,而且可以灵活变换,但由于成本数据较难获取,估计结果往往不够精确,对这种方法形成了很大的挑战。

Morrison(1990)通过构建一个整合的结构模型,将规模报酬、利润最大化条件下的价格—成本差额[①]、经济效益、产能利用及生产率增长等因素都考虑进来,对美国制造业市场力量进行了实证分析。此外,Blair 和 Harrison(1993)在勒纳指数的基础上提出了买方力量指数,以衡量厂商在要素市场上所具有的买方市场力量;Genesove 和 Mullin(1998)认为 NEIO 模型低估了对市场力量的估计,提出另一种方法——静态寡占模型,并使用 1890—1914 年的数据对美国糖料市场进行实证分析;Klette(1999)构建了一个可同时估测市场力量、规模报酬和生产率的新框架,对挪威制造业进行了实证研究;Brissimis 和 Delis(2011)推导出一种新的方法以估测不同国家之间银行业的市场力量;Kumbhakar 等(2012)开创性地提出了估测市场力量的随机前沿估计法,以挪威伐木业为例进行了实证分析;Hovhannisyan 和 Gould(2012)则推导出一个分析厂商行为的结构模型,可对市场力量进行估测。由于这些方法在相关研究中应用尚少,本研究不再赘述,详见具体文献。

---

① 价格—成本差额是勒纳指数的简单变形,表示产品价格与边际成本的比率,公式为 p/mc, 可以用来衡量市场力量大小。

2.2.5　简要评论及启示

市场力量的估测方法以 NEIO 模型和索洛余值法为主,非参数法应用较少。这几种方法均形成于 20 世纪 80 年代,在过去的 30 多年中,一方面由国外学者不断进行改进和完善,使其在更加符合逻辑与现实的同时,向多功能方向发展,同时不断有新方法被提出,但都没有被广泛采用;另一方面,国内外学者广泛地将这些方法应用于估测不同行业的市场力量,取得了丰硕的研究成果。

近 30 年来,关于市场力量的理论与方法的突破主要表现在:第一,市场力量的概念更加全面,从单一的产品市场向产品与要素市场兼顾发展,与经济学理论的结合也更加紧密;第二,市场力量的度量指标更加科学,早期以各类集中度来度量市场力量,虽有一定合理性,但并不能真实、全面地反映市场力量情况,后期大都以勒纳指数作为度量指标,不仅能更准确地反映市场力量,而且理论基础更加扎实;第三,估测市场力量的方法已较为成熟,但仍在不断完善中。随着产业组织理论和计量分析方法的不断发展,对市场力量的研究在理论推导和计量方法上必将越来越科学,研究结果也会更加具体和精确。

但整体而言,对市场力量的研究仍有许多可以提升的空间。

首先,缺乏一个系统、全面且逻辑性强的研究框架。从目前的研究成果来看,估测市场力量的方法五花八门,主流方法就有两三种,各种方法的假设条件、所需数据、理论基础及功能等都不一样,得出的结论也各有差别。如何将这些不同的方法与市场力量的其他方面有机联系起来,如将市场力量及其对技术、成本与配置效率、生产率、价格传递等的影响纳入同一框架,是一个非常值得探讨的课题,也是未来这一领域发展的方向。

其次,学术界对卖方市场力量的研究非常丰富,但对买方市场力量的研究仍然相对欠缺,而后者主要影响要素供给者的福利,尤其关系到提供初级原材料的农民和提供劳动力的工人的切身利益,而且从已有的研究来看,买方市场力量往往较卖方市场力量更强,影响也更大。因此,研究买方市场力量及其形成与影响可能会成为未来产业组织理论领域的一大热点。

第三，以美国为主的发达国家在这方面的研究非常成熟，而以中国为代表的发展中国家在这一领域则远远落后，尤其是理论和方法的创新。作为正在崛起的发展中大国，中国理应在这一领域开展更加广泛、深入的研究，不仅要努力突破理论和方法上的瓶颈，同时还要在实证的应用性研究中取得更加明显的成效，为中国产业结构的转型和升级、收入分配的公平和效率、食品领域的质量安全乃至整个国民经济的发展提供必要的参考依据。可以认为，目前国内关于市场力量的研究还远远落后于国外，在这方面大有可为。

第四，内生性问题需要合理解决。关于市场力量的形成与影响是这一领域的重点与难点，除了采用数理模型来推导演绎之外，科学的计量方法是实证检验它们之间关系的必要工具。然而，由于市场力量具有很强的内生性，直接采用普通最小二乘法（OLS）可能会带来偏误。因此，寻找合适的工具变量或者采用其他因果识别策略成为解决问题的关键。但是，好的工具变量和因果识别策略往往可遇而不可求，这就为这一问题的研究带来了较大的难度。

2.3　中国食品工业的市场结构与绩效

食品工业是国民经济的重要组成部分。中国食品工业不仅每年为国家贡献了巨额的税收和大量的就业机会，还为农民提供了丰富的增收渠道。食品工业的纵向产业链条非常清晰，大致可分为"农民—中间商—消费者"，覆盖了微观经济学的三大核心主体。以植物油加工业为例，在上游环节，农民将种植的油料作物（大豆、花生、油菜籽等）卖给加工企业，企业生产出植物油后，在下游市场将产品卖给消费者。其他食品行业的情况基本类似。

食品工业还具有一个显著特征：在产业链的两端分别为数量众多的原材料供应者和产品消费者，而产业链的中间则是少量食品加工企业，即"两头大、中间小"

的哑铃式结构。当然,这种哑铃式的产业结构并非完全对称,随着现代批发和零售业的快速发展,产业链下游环节的层级增加,从而在企业与消费者之间形成了过渡,见图 2.1。

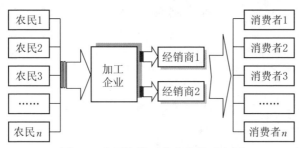

图 2.1　中国食品工业产业链示意图

食品工业是工业体系中与老百姓生活关系最密切的部门。常言道,"民以食为天",食物是人类赖以生存的基础。在物资匮乏的年代,解决温饱问题是摆在人们面前的头等大事,粮食的生产和加工显得异常重要。随着经济的发展,人们的生活水平得到极大改善,对食物的要求也越来越高,不仅体现在"量"上的增长,还体现在"质"上的丰富和安全。近年来,我国食品安全事件频发,严重损害了消费者利益和人们对国产食品的信心。这些都深刻地反映了食品工业在老百姓日常生活中的重要性。在国民经济体系中,几乎很难找到具备这样的结构特征,且同时将农民、企业家和消费者利益紧密联系到一起的产业。由此可见食品工业在中国国民经济中的特殊性和重要性,这也是政府历来十分重视农业与食品工业发展的重要原因之一。

2.3.1　中国食品工业概况

根据《中国食品工业年鉴》分类法,我国食品工业包括四大类:农副食品加工业、食品制造业、饮料制造业和烟草加工业,各行业又可进一步细分为其他具体的产业,见表 2.1 。[1]

---

① 在《中国食品工业年鉴》中,烟草制品一直被视作食品工业大类中的重要组成部分而进行统计和分析。

表 2.1 中国食品工业的行业分类

农副食品加工业	食品制造业	饮料制造业	烟草加工业
谷物磨制	焙烤食品制造	酒精制造	烟叶复烤
饲料加工	糖果、巧克力及蜜饯制造	酒的制造	卷烟制造
植物油加工	方便食品制造	软饮料制造	其他烟草制品加工
制糖	液体乳及乳制品制造	精制茶加工	
屠宰及肉类加工	罐头制造		
水产品加工	调味品、发酵制品制造		
蔬菜、水果和坚果加工	其他食品制造		
其他农副食品加工			

资料来源:《中国食品工业年鉴》。

1. 中国食品工业现状

2011 年,中国食品工业规模以上企业的工业总产值达到 7.68 万亿元人民币[①],占工业部门总量的 9.1%。在食品工业内部,工业总产值最大的是农副食品加工业,达到 4.4 万亿元,占食品工业总量的一半以上。而从表 2.1 中可知,中国农副食品加工业又包括谷物磨制、饲料加工、植物油加工等 8 个子行业,这些行业的原材料直接来源于农业生产,与农民收入的关系最为密切。

表 2.2 2011 年分行业食品工业主要经济指标(亿元,万人)

行业名称	工业总产值(当年价格)	资产总计	利润总额	本年应交增值税	全部从业人员
农副食品加工业	44 126.10	19 725.22	2 795.22	860.8	360.71
食品制造业	14 046.96	8 511.61	1 232.25	478.14	176.86
饮料制造业	11 834.84	9 441.18	1 315.37	511.11	136.76
烟草加工业	6 805.68	6 169.25	840.52	842.72	19.93

---

① 如不加特殊说明,本研究所有价格类数据均以人民币计算。

续表

行业名称	工业总产值 （当年价格）	资产总计	利润总额	本年应交 增值税	全部从业 人员
食品工业合计	76 813.58	43 847.26	6 183.36	2 692.77	694.26
工业部门合计	844 268.79	675 796.86	61 396.33	26 302.71	9 167.29
食品工业/工业	9.10%	6.49%	10.07%	10.24%	7.57%

注：各指标均为规模以上企业数据加总所得。

资料来源：《中国工业经济年鉴》（2012年）、《中国轻工业年鉴》（2012年）。

2011年，全国食品工业规模以上企业的资产总额为1.97万亿元，占工业部门总量的6.49%。其中，农副食品加工业依然是最大的，占食品工业总量45%左右，但低于其工业总产值的比重。食品工业在利税方面的表现较突出，2011年规模以上企业利润和增值税总额分别为2 795.2亿元和860.8亿元，占工业部门总量的比重分别为10.07%和10.24%。这意味着食品工业以占工业部门不到6.5%的总资产，贡献了超过9%的工业总产值和超过10%的利润及税收。此外，2011年我国食品工业实现约700万人的总就业，占工业部门总量的7.57%。

2011年，我国食品工业中规模以上企业共有32 787家，占工业部门总量的10.07%，其中大部分（64%）来自农副食品加工业，见表2.3。食品工业中亏损企业共2 098家，占工业部门总量的6.89%，说明食品工业企业亏损情况低于工业部门的平均水平。在食品工业内部，亏损企业比例最高的是饮料制造业，达8.62%；比例最低的是农副食品加工业，仅为5.35%。

表2.3　2011年分行业食品工业规模以上企业数量及亏损情况(个，亿元，万人)

行业名称	企业单位数	亏损企业	亏损企业比例	亏损企业亏损总额
农副食品加工业	20 895	1 118	5.35%	70.7
食品制造业	6 870	552	8.03%	42.72
饮料制造业	4 874	420	8.62%	54.05
烟草加工业	148	8	5.41%	0.29

续表

行业名称	企业单位数	亏损企业	亏损企业比例	亏损企业亏损总额
食品工业合计	32 787	2 098	6.40%	167.76
工业部门合计	325 609	30 456	9.35%	3 913.21
食品工业/工业	10.07%	6.89%	——	4.29%

资料来源:《中国工业经济年鉴》(2012年)、《中国轻工业年鉴》(2012年)。

表2.3的最后一列显示,2011年食品工业规模以上企业亏损总额为167.76亿元,仅占工业部门总额的4.29%,进一步说明中国食品工业的绩效水平在工业部门中是比较好的。同时,食品工业内部亏损最小的是烟草加工业,亏损额仅为0.29亿元。

2.改革开放以来中国食品工业的发展

改革开放以来,随着人们收入和生活水平的快速提升,中国食品工业取得了迅猛发展。1979—1982年,中国食品工业总产值年均增长11.4%,增长速度超过轻纺工业和整个国民经济(杜子端,1983)。1990年之前,中国食品工业增长速度并不显著。1983年,食品工业总产值为828.82亿元,1990年增长到1 360亿元,增长了64%,年均增幅为6.39%。[①]

1990年之后,中国食品工业进入了快速发展阶段。工业总产值从1990年的1 360亿元,大幅增长到2011年的7.68万亿元(见图2.2),22年间增长了55倍多,年均增幅高达20%。其中,1991年较上年增长了95.96%,1991—1997年的6年间年均增速达到33.82%。[②]在产值快速增长的同时,就业人数也在不断增加,2011年食品工业实现就业总人数近700万,较1990年增加了61.8%(见图2.3)。

---

① 资料来源:《中国食品工业年鉴》1984年、1991年。
② 摘自《中国食品工业年鉴》(2010年)。

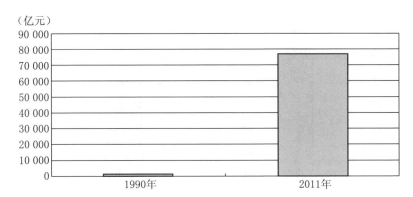

图 2.2 中国食品工业总产值(1990 年、2011 年)

资料来源:《中国食品工业年鉴》1991 年、2012 年。

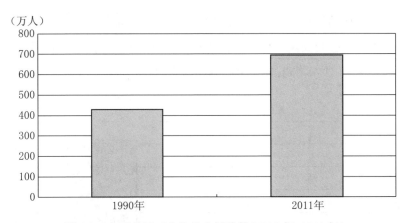

图 2.3 中国食品工业从业人员总数(1990 年、2011 年)

资料来源:《中国食品工业年鉴》1991 年、2012 年。

　　而与之相反,中国食品工业企业的数量却在快速下降,从 1990 年的 5.4 万家下降到 2011 年的 3.3 万家,降幅约 40%(见图 2.4)。这一数据表明食品工业市场结构在发生深刻变化,一些落后的小企业不断被淘汰,产业规模趋于集中。平均每家企业的总产值由 1990 年的 0.025 亿元大幅增长到 2011 年的 2.34 亿元。

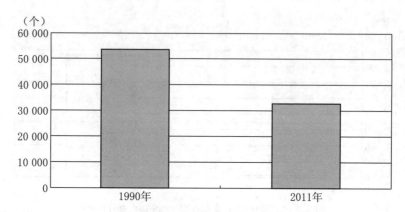

图 2.4　中国食品工业企业数量(1990 年、2011 年)

资料来源:《中国食品工业年鉴》1991 年、2012 年。

伴随着规模的快速扩张,食品工业的绩效也显示出惊人的发展速度。1990年,中国食品工业净利润仅为 30.4 亿元,2011 年大幅增长到 6 183.36 亿元,22 年间增长了 202 倍,年均增幅高达 27.3%(见图 2.5)。

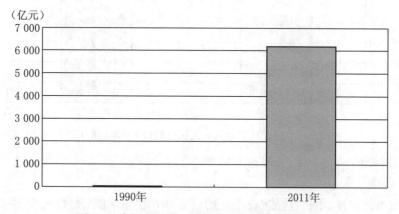

图 2.5　中国食品工业净利润(1990 年、2011 年)

资料来源:《中国食品工业年鉴》1991 年、2012 年。

改革开放以来中国食品工业的发展表现在多个方面,既包括产值规模的扩张、市场结构的变迁和市场绩效的改善,还包括食品种类的丰富和质量的提高。

在快速发展的同时,中国食品工业也出现了一些严重的问题,包括食品质量安全事件频发、缺乏有影响力的品牌(尤其是有国际影响力的品牌)、食品研发落后等。当前,随着中国劳动力成本的不断攀升和产业结构的快速变化,食品工业的发展面临着一些新的挑战和问题。如何有效提高食品企业的效率,合理规范行业秩序,成为关系中国食品工业长期健康可持续发展的重要课题。

2.3.2　烟草、植物油等食品工业部门的结构与绩效

食品工业行业众多,本研究仅挑选其中的 10 个行业(烟草、豆油、花生油、菜籽油、甘蔗糖、甜菜糖、大米、面粉、猪肉和牛肉加工业)作为中国食品工业的缩影,来分析食品加工企业市场力量的形成与影响。之所以选择这些行业,最主要的原因在于受数据可获取性的限制,其中关键的难点是其他行业中原材料的数据无法获取。原材料是企业最重要的三类生产要素之一(其他两类为资本和劳动力),原材料数据的缺失,导致本研究所构建的模型无法估计,因而也就难以进行有关的实证分析。为此,只能退而求其次,以数据质量较高的行业作为代表,来管中窥豹,以期总结出食品工业在市场力量的大小、形成及影响方面的某些规律。

选择这些行业还有两个重要原因,一是与消费者关系密切,这些行业的产品均为人们的日常消费品,涵盖了粮、油、糖、肉等重要食物品类,这些产品的价格、质量等与老百姓生活密切相关;二是与农民关系密切,这些行业的原材料全都来自农业,是所有食品工业中与农业关系最密切的部门,原材料收购量和价格的变动直接影响农民收入。

这十大食品产业在中国食品工业中占有重要地位。2011 年,这十大行业的总产值、总资产和利润总额分别占中国食品工业总量的 42.42％、41.10％和39.07％,均超过 1/3,见表 2.4。从税收来看,这 10 个行业的税收总额超过食品行业税收总额的 79％。主要原因在于国家对烟草行业实行"寓禁于征"的重税制度,烟草行业的税收远远高于其他行业。因此,仅从税收这一项来看,这几个行业对于中国食品工业,乃至全国财税收入而言的重要性不言而喻。

表 2.4 2011 年几大食品工业规模以上企业的主要经济指标（亿元，万人）

行　　业	工业总产值	资产总计	利润总额	税收总额	全部从业人员
烟草加工业	6 805.68	6 169.25	840.52	6 689.04	19.93
植物油加工	7 468.94	4 122.03	360.90	171.63	28.82
制糖	1 058.16	1 169.36	141.64	61.73	14.83
谷物磨制	8 158.59	2 810.67	509.36	172.70	54.96
屠宰及肉类加工	9 095.09	3 749.53	563.14	203.41	93.53
占食品工业比重	42.42%	41.10%	39.07%	79.23%	30.55%

注：大米和面粉加工业属于谷物磨制业中的重要部分，在两个细分行业数据无法获取的情况下，以谷物磨制业数据来替代；同理，猪肉和牛肉以屠宰及肉类加工业来代替。

资料来源：《中国工业经济年鉴》(2012 年)、《中国轻工业年鉴》(2012 年)。

　　此外，这 10 个行业对就业的贡献水平并不算突出，2011 年全部从业人员数量占食品工业比率为 30.55%，明显低于工业总产值和总资产的比重。主要原因在于，烟草加工业资产总额虽然很庞大（占食品工业总资产的 14%），但对就业的贡献偏低（仅为食品工业从业人员的 2.87%），从而拉低了这 10 个行业的平均就业贡献率。但从另一个角度来讲，这些行业以占 30.55% 的就业总人数，为食品工业贡献了 40% 左右的工业总产值和利润，以及 79% 左右的税收总额，说明其单位劳动的效益在食品工业中是比较高的。

　　在市场结构和市场绩效上，各行业之间表现出较大差异。这十大行业的企业数量和亏损企业数量分别占食品工业总量的 34.12% 和 27.69%，亏损总额占 30.98%（见表 2.5）。由此可以看出，第一，这几个行业中亏损企业和亏损金额的比例均低于其企业数量的比例，意味着这几个行业中企业亏损的数量和金额都较少，一定程度上反映出这些行业的绩效较优；第二，这几个行业以占食品工业总量 34% 的企业，贡献了 40% 左右的工业总产值和利润，以及 79% 左右的税收总额，说明这几大行业中单位企业的效益高于其他行业的平均值。

表 2.5 **2011 年几大食品工业规模以上企业的数量与亏损情况**(个,亿元)

行 业	企业数量	亏损企业数	亏损企业亏损总额
烟草加工业	148	8	0.29
植物油加工业	2 038	177	31.10
制糖业	283	31	4.07
谷物磨制业	5 368	151	6.77
屠宰及肉类加工业	3 351	214	97 492
占食品工业比重	34.12%	27.69%	30.98%

资料来源:《中国工业经济年鉴》(2012 年)、《中国轻工业年鉴》(2012 年)。

从行业的横向对比来看,单位资产的工业总产值(工业总产值除以总资产)最高的是谷物磨制业,为 2.9;其次是屠宰及肉类加工业,为 2.43;植物油加工业次之,为 1.81,三者均高于食品工业平均值(1.75),见图 2.6。这表明在 2011 年,这三个行业中企业每万元的总资产,分别能实现 2.9 万元、2.43 万元和 1.81 万元的总产值。而烟草制品和制糖业这一比值明显低于食品工业的平均水平,分别仅为1.1 和 0.9。

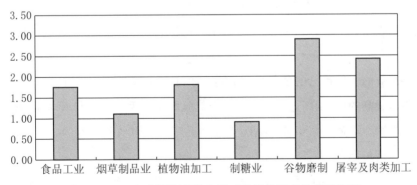

图 2.6 **2011 年中国烟草等食品工业单位资产总产值情况**

资料来源:《中国食品工业年鉴》(2012 年)。

在利润与总资产的比值中,最高的是谷物磨制业,为 0.18;其次是屠宰及肉类加工业,为 0.15,均高于食品工业平均水平(0.14),见图 2.7。这意味着在 2011年,这两个行业中企业每万元的资产分别能实现 1 800 元和 1 500 元利润。而植物油和制糖业的单位资产利润率较低,分别仅为 0.09 和 0.12。因此,从这一角度来看,谷物磨制业的盈利能力是最强的,而植物油加工业是最弱的。

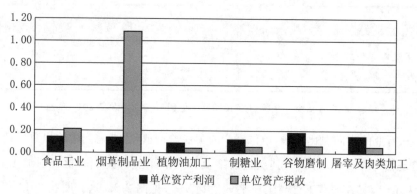

图 2.7 2011 年中国烟草等食品工业单位资产利润和税收情况

资料来源:《中国食品工业年鉴》(2012 年)。

从创税的能力来看,烟草加工业遥遥领先,税收与总资产的比率达 1.08,远远高于其他行业(0.4—0.6)和食品工业平均水平(0.21)。其他行业这一比值较低的主要原因在于,烟草加工业拉高了平均值,导致食品工业平均的单位资产税收率较高。

各行业的亏损状况也存在明显不同。2011 年中国制糖业和植物油加工业亏损比例是最高的,分别高达 10.95% 和 8.68%,即在这两个行业中,平均每 10 家企业中就有约 1 家企业是亏损的,明显高于食品工业平均水平(6.4%)。而谷物磨制业这一比例最低,仅为 2.8%(见图 2.8)。

在几大行业中,谷物磨制业不论是在单位资产总值上,还是在单位资产利润和亏损企业比例上,均优于其他行业,说明谷物磨制业的绩效较好;而烟草加工业在创税能力上要明显高于其他行业,主要原因在于国家对烟草这一特殊产品实行重税制度,以限制烟草制品的消费。

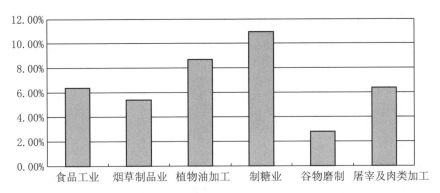

图 2.8　2011 年中国烟草等食品工业亏损企业比例

资料来源:《中国食品工业年鉴》(2012 年)。

各行业中企业的平均结构与绩效差异也非常大。烟草加工业的平均企业规模是最大的,2011 年平均总资产达到 41.7 亿元,远远高于其他行业,平均规模最小的谷物磨制业,仅为 0.5 亿元;其次是屠宰及肉类加工业,仅为 1.1 亿元,均低于食品工业的平均水平(见表 2.6)。这一点比较符合中国的实际情况。谷物磨制和肉类加工行业对技术、设备等方面的投资要求较低,因而企业的规模相对较小。企业平均产值也呈现出大致的特点。

表 2.6　2011 年几大食品工业规模以上企业主要经济指标的平均值(万元,人)

行　　业	平均工业总产值	平均总资产	平均出口交货值	平均利润	平均税收	平均从业人数
食品工业整体	23 428	13 373	1 021	1 886	2 810	212
烟草加工业	459 843	416 841	2 095	56 792	451 962	1 347
植物油加工业	36 648	20 226	197	1 771	842	141
制糖业	37 391	41 320	91	5 005	2 181	524
谷物磨制业	15 199	5 236	28	949	322	102
屠宰及肉类加工业	27 141	11 189	690	1 681	607	279

资料来源:《中国工业经济年鉴》(2012 年)、《中国轻工业年鉴》(2012 年)。

在出口方面,屠宰及肉类加工业的表现仅次于烟草加工业,2011 年企业的平均出口交货值为 690 万元,远远高于其他行业水平。其他三大行业产品(粮、油、糖)均为中国重要的进口品,因而企业平均出口交货值都远远低于食品工业整体水平。

利税方面依然是烟草加工业表现最为突出,2011 年烟企的平均利润和平均税收呈十倍、百倍甚至千倍地高于其他行业。在除烟草加工业之外的其他行业中,企业平均利润最高的是制糖业,为 5 000 多万元,明显高于植物油等行业以及食品工业的整体水平;而植物油、谷物磨制业和屠宰及肉类加工业企业的平均利润均低于食品工业的整体水平,尤其是谷物磨制业,企业平均利润仅相当于食品工业平均水平的一半。企业的平均税收也基本上呈现出类似的特征。

从企业的就业规模来看,2011 年企业平均就业人数最多的是烟草加工业,达到 1 347 人,这是中国烟草加工业实行兼并重组的结果。制糖业的企业平均从业人数也比较多,其次是屠宰及肉类加工业。这三个行业的企业平均人数均高于食品工业的平均水平。而在植物油加工业和谷物磨制业中,这一指标值却明显偏低。

综合而言,本书所研究的几大行业在经济总量上超过食品工业的 1/3,但对税收的贡献却非常大,占食品工业的 79% 左右。此外,几大行业对就业的贡献率偏低,就业总人数仅占食品工业的 30.55%;与此同时,本书所研究的行业在市场结构上也具有明显的特点,企业数量和亏损企业数量都比较低,意味着这几大行业以较少的企业贡献较多的产值、利润和税收。

此外,本书所研究的几大行业在企业的平均结构和绩效方面存在非常大的差异,而结构和绩效与市场力量之间存在着十分密切的关系。因此,从企业层面出发,研究企业市场力量与其结构和绩效之间的各类关系,并观察不同行业之间的差异,预期可以得出一些与传统研究中基于行业整体分析不一样的结论。这是本研究采用企业层级的面板数据,以及分析不同行业而非某一具体行业的主要原因之一。这几大行业在中国食品工业中具有一定的代表性,通过对其市场力量的形成和影响进行实证分析,以期总结出中国食品工业的某些特点和规律,为相关研究和政策制度提供有价值的参考。

第3章

中国食品工业市场力量的估测

　　近年来,社会各界对中国食品工业的关注度非常高,一方面在于食品质量安全事件频发,引发了公众对违法食品企业的口诛笔伐;另一方面则在于某些食品企业对价格的操纵,严重损害了消费者的利益。国内研究显示,在中国一些食品工业中可能存在较强的市场力量。如郝冬梅和王秀清(2003)、朱俊峰(2008)、蔡海龙(2010)的研究均表明中国烟草加工企业具有较强的市场力量;司伟(2005)和赵扬(2008)分别估测了中国食糖和植物油加工业的市场力量,结果发现在这两个行业中也存在不同程度的市场力量。

　　然而,国内相关研究都只估测了卖方市场力量,而没有对买方市场力量进行检验和估测。而国外的研究表明,拥有卖方市场力量的厂商(或行业),其买方市场力量往往更显著、更强(Raper et al.,2007)。中国食品加工企业是否也如此?这是一个值得探讨的课题。从现实经验来看,具有卖方市场力量的厂商在下游面对大量消费者,可通过限制产量、提高产品价格等方式获取垄断利润。而消费者也可以通过自由地选择购买渠道,在一定程度上削弱厂商的卖方市场力量。在上游要素市场上,具有买方市场力量的厂商主要通过压低要素价格来获取垄断利润。大量分散的农民往往不可能像消费者那样可以自由选择交易对象,一方面在于农民自身力量的分散、薄弱以及信息的不对称;另一方面在于农产品的保存和运输成本较高,而且很多农产品(如烟叶和牛奶)具有非常强的专用性,除了卖给企业之外别无他用。因而,企业在原材料收购市场上往往拥有更强的市场力量。尽管这一经验推断在逻辑上是成立的,但目前国内文献几乎没有对此进行过实证分析。

此外，已有对中国食品工业市场力量估测的文献，所使用的均为行业层级的时间序列数据，不仅难以反映企业间的结构和行为差异，而且样本量偏小，估测出的参数容易产生偏差。因此，要想真正有效地评估中国食品工业各行业的市场力量，一方面要在方法上进行拓展，使之能同时估测买方和卖方市场力量；另一方面在数据上应该有更高的要求，增加样本量。

本章尝试采用企业层级的面板数据，同时估测中国食品工业主要部门的买方和卖方市场力量。

3.1 模型构建

本研究拟采用 Raper 等（2007）改进后的原始—对偶索洛余值法，根据中国食品工业具体情况进行修正。首先，假定生产函数和成本函数具有单调性和凹性，生产函数具有可微、规模报酬不变及希克斯中性技术进步的性质；估测买方市场力量时，假设在其他要素市场和产品市场完全竞争；估测卖方市场力量时，假设在所有要素市场完全竞争。模型构建如下。

3.1.1 改进后的原始索洛余值法

厂商利润最大化条件为：

$$\max \pi_i = PY_i - \sum\nolimits_{m=1}^{n} r_m x_{mi} \qquad \text{s.t.} F_i(X_i) \geqslant Y_i \qquad (3.1)$$

其中，P 是产品价格，Y_i 是厂商 i 的产出，x_{mi} 代表厂商 i 第 m 种投入要素的数量，r_m 是要素 m 的价格，$X_i = X_1, \cdots, X_n$ 是厂商 i 的要素向量，$F_i(X_i)$ 是厂商 i 的生产函数。

根据 DHP（1986），设行业的生产函数为：

$$Y = Ae^{\gamma}f(X) \tag{3.2}$$

其中，γ 和 A 分别代表希克斯中性技术进步率和生产率冲击。

假设产品市场和所有要素市场均为完全竞争，则索洛余值（SR）可表示为如下形式：

$$\dot{y}/y - \sum_{m=2}^{n}\alpha_m\dot{x}_m/x_m = \dot{A}/A + \dot{\gamma} \tag{3.3}$$

其中，产出和要素都被 X_1 标准化，即除以 X_1，$\alpha_m = (r_m x_m)/(py)$ 是要素 m 的收益份额。在完全竞争及规模报酬不变的假设条件下，它同时也是成本份额。任何变量（z）的瞬时改变量被记为（$\dot{z}$），相当于 $z_t - z_{t-1}$，式（3.3）等号左边即为 SR。

在产品市场存在卖方垄断力量的情况下，产品的价格会高于其边际成本，此时有：

$$SR = \beta^{mp}\dot{y}/y + (1 - \beta^{mp})(\dot{A}/A + \dot{\gamma}) \tag{3.4}$$

其中 β^{mp} 代表卖方勒纳指数，用以衡量企业的卖方市场力量大小。如果厂商在要素 x_n 市场上存在买方垄断力量，而在其他要素市场及产品市场都完全竞争，则要素 x_n 的边际产品价值 VMP_n 将会大于其价格 r_n，要素 x_n 对收益的贡献将以 VMP_n/r_n 的比率超过其成本份额。此时有：

$$SR = [\beta^{ms}/(1 + \beta^{ms})](\dot{y}/y - \sum_{m=2}^{n-1}\alpha_m\dot{x}_m/x_m) + [1/(1 + \beta^{ms})](\dot{A}/A + \dot{\gamma}) \tag{3.5}$$

其中，$\beta^{ms} = (VMP_n - r_n)/r_n$ 为买方垄断勒纳指数，其值为 0 说明在要素 n 市场上完全竞争，大于 0 则证明在要素 n 市场上存在买方市场力量。

由此，可构建原始索洛余值模型如下：

$$SR = b_0 + b_1\dot{y}/y + b_2\sum_{m=2}^{n-1}\alpha_m\dot{x}_m/x_m + e \tag{3.6}$$

其中，b_i 为待估参数，e 为随机扰动项，由于解释变量与扰动项之间存在相关性，故模型估计时需选取一个工具变量。如果 $b_1 = b_2 = 0$，则要素市场和产品市场都为完全竞争；如果 $b_2 = 0$，且 $b_1 > 0$，则表明厂商在要素市场完全竞争，在产品市场存在卖方市场力量，相应地 b_1 的估计值即为 β^{mp}；若 $b_1 = -b_2 = \beta^{ms}/(1 + \beta^{ms}) > 0$，则表明厂商在要素 n 市场上存在买方市场力量，在其他要素市场和产品市场均完全竞争；若 $b_1 > 0$，$b_2 < 0$，且 $b_1 \neq -b_2$，则表明厂商同时存在买方和卖方市场力量。

3.1.2 改进后的原始—对偶索洛余值法

Roeger(1995)在 Hall(1988)和 DHP(1988)研究的基础上，对原有方法进行了扩展，提出了一种基于成本函数的索洛余值法，又称原始—对偶法。假设具有形如式(3.2)的生产函数的厂商，其成本函数为：

$$C = A^{-1} e^{-\gamma} G(r) y \tag{3.7}$$

当产品市场和要素市场都是完全竞争时，有 $p = MC = A^{-1} e^{-\gamma} G(r)$。

从而，基于价格的索洛余值（Price-based Solow Residual，SRP）可表示为：

$$\sum_{m=2}^{n} \alpha_m \dot{R}_m / R_m - \dot{P}/P = \dot{A}/A + \dot{\gamma} \tag{3.8}$$

其中，$P = p/r_1$，$R_m = r_m/r_1$，等式左边记作 SRP。

当厂商在产品市场存在垄断力量时，$MC = P(1 - \beta^{mp})$，此时有：

$$SRP = -\beta^{mp} \dot{P}/P + (1 - \beta^{mp})(\dot{A}/A + \dot{\gamma}) \tag{3.9}$$

由式(3.4)减式(3.9)可得：

$$SR - SRP = \beta^{mp}(\dot{y}/y + \dot{P}/P) \tag{3.10}$$

如果厂商在要素 n 市场上存在买方市场力量，在其他要素市场和产品市场完全竞争，则有：

$$SRP = -[\beta^{ms}/(1+\beta^{ms})](\dot{P}/P - \sum_{m=2}^{n-1}\alpha_m \dot{R}_m/R_m) + [1/(1+\beta^{ms})](\dot{A}/A + \dot{\gamma})$$

$$(3.11)$$

由式(3.5)减式(3.11)可得:

$$SR - SRP = [\beta^{ms}/(1+\beta^{ms})][\dot{y}/y + \dot{P}/P - \sum_{m=2}^{n-1}\alpha_m(\dot{x}_m/x_m + \dot{R}_m/R_m)]$$

$$(3.12)$$

从而,可构建原始—对偶索洛余值模型如下:

$$SR - SRP = b_1(\dot{y}/y + \dot{P}/P) + b_2 \sum_{m=2}^{n-1}\alpha_m(\dot{x}_m/x_m + \dot{R}_m/R_m)] + e$$

$$(3.13)$$

若 $b_1 = b_2 = 0$,则表明厂商在要素市场和产品市场都为完全竞争;如果 $b_2 = 0$,且 $b_1 > 0$,则表明厂商在素市场完全竞争,在产品市场存在卖方市场力量,相应地 $\beta^{mp} = b_1$;若 $b_1 = -b_2 = \beta^{ms}/(1+\beta^{ms}) > 0$,则说明厂商在要素 n 市场上存在买方市场力量,在其他要素市场和产品市场均完全竞争;若 $b_1 > 0$, $b_2 < 0$,且 $b_1 \neq -b_2$,则表明厂商同时存在买方和卖方市场力量。

Raper 等(2007)通过对美国烟草加工业的实证研究发现,使用式(3.7)和式(3.10)估测出的勒纳指数值相差非常大,卖方勒纳指数前者仅为 0.12,后者高达 0.51,买方垄断勒纳指数前者为 3.95,后者为 10.36。说明工具变量虽然能在一定程度上弥补原始索洛余值法的缺陷,但误差仍然较大。目前使用这一方法的文献仅这一篇。

公式的推导详见附录 6,或参考 DHP(1988)、Roeger(1995)和 Raper 等(2007)等文献。

3.2　数据说明

本章数据为 1999 年至 2011 年中国食品工业企业的面板数据,包括烟草、大豆油等 10 个食品加工行业。其他食品行业的数据获取难度较大,数据质量得不到保障,因而没有纳入分析范围。

待估计模型涉及的变量及其对应的数据名称分别为:产出(y)及产品价格(p)、固定资产净值(x_k)及中长期贷款利率(r_k)、职工人数(x_l)及平均工资(r_l)、原材料收购量(x_m)及价格(r_m)。所有价格类变量均以居民消费价格指数扣除了通货膨胀因素。各行业主要变量的均值和样本量见表 3.1。

表 3.1　各行业主要变量的均值及样本量

行业	y	p	x_k	r_k	x_l	r_l	x_m	r_m	样本量
烟　草	347 805	3 887	473 000 000	0.081	1 618	28 804	13 100 000	8.18	1 465
豆　油	20 000 000	8.20	53 200 000	0.061	226	15 290	118 000 000	3.04	1 141
花生油	18 300 000	11.99	30 300 000	0.061	239	15 517	52 200 000	6.84	335
菜籽油	5 045 225	9.19	11 500 000	0.062	88	17 046	14 400 000	2.89	232
甘蔗糖	24 400 000	5.76	74 000 000	0.061	614	15 583	204 000 000	0.236	1 890
甜菜糖	22 900 000	6.62	62 200 000	0.06	569	15 068	191 000 000	0.259	298
大　米	17 700 000	2.80	6 231 359	0.063	66	19 264	24 200 000	1.699	5 541
面　粉	24 400 000	2.10	7 928 819	0.06	81	16 791	30 500 000	1.48	8 797
猪　肉	10 900 000	15.716	12 000 000	0.062	180	17 326	15 500 000	9.543	2 332
牛　肉	4 715 829	19.505	24 400 000	0.062	158	16 073	10 500 000	9.531	384
单　位	千克	元/千克	元	利率	人	元/人·年	千克	元/千克	个

注:烟草行业 y 及 p 的单位分别为箱、元/箱,其余行业的单位均为千克和元/千克。

数据来自《中国工业企业数据库》《中国统计年鉴》《中国农产品价格调查年鉴》《全国农产品成本收益资料汇编》等数据库或年鉴资料。考虑到模型中的变量要进行差分,因而所有连续少于 3 年数据的样本均被剔除。此外,《中国工业企业数据库》公布的是规模以上企业的数据,因而每年所包含的企业不一样,这意味着在样本期间(1999—2011 年),同一家企业某些年份可能包含在样本中,另一些年份则有可能不包含在内。因而,本研究所使用为非平衡面板数据。

3.3 估计结果及解释

本章的实证分析包括两个方面,一是对相关假设进行检验,验证各行业是否存在显著的买方和卖方市场力量,及何者更强;二是估测出各行业中企业的买方和卖方市场力量大小。

根据实际经验和国内外相关研究,提出一个待检验假设:各行业中的企业都存在不同程度的买方和卖方市场力量,而且买方市场力量比卖方市场力量更强。

3.3.1 假设检验

运用 Stata 12.1 版软件中的广义最小二乘法对模型进行估计,并采用 Hausman 检验方法对模型的面板效应进行检验,结果如表 3.2 所示。从表 3.2 中可以看出,模型所有估计参数均十分显著,Adjusted R^2 值也较高,拟合效果较好。

对模型参数的检验表明,在研究的所有食品工业中,企业在"产品市场和所有要素市场均完全竞争(即 $b_1 = b_2 = 0$)"的假设在 1% 显著水平下都被拒绝,说明所有行业至少在一种要素市场或者产品市场上是不完全竞争的。

"卖方垄断是市场力量的唯一来源(即只在产品市场存在卖方市场力量,$b_2 = 0$)"的假设在 1% 的显著水平下也都被拒绝,表明这十大食品加工业的企业不仅在产品销售市场上存在卖方市场力量,而且在原材料收购市场上存在买方市场力量。

"买方垄断是市场力量的唯一来源(即只在原材料收购市场存在买方市场力量,$b_1 = -b_2$)"的假设在 1% 的显著水平下被拒绝,意味着除了在原材料市场上具有买方市场力量外,上述各行业的企业在产品销售市场上还存在一定的卖方市场力量。

表3.2 模型的参数估计

	烟草	豆油	花生油	菜籽油	甘蔗糖	甜菜糖	大米	面粉	猪肉	牛肉
b_1	0.906***	−1.070***	−0.603***	0.114***	0.674***	0.617***	0.170***	0.131***	0.144***	−0.082***
	(0.005)	(0.020)	(0.015)	(0.016)	(0.004)	(0.013)	(0.001)	(0.001)	(0.003)	(0.010)
b_2	−1.092***	−0.413*	−0.985***	−1.000***	−0.991***	−0.890***	−0.999***	−0.973***	−0.998***	−1.249***
	(0.042)	(0.228)	(0.037)	(0.178)	(0.022)	(0.098)	(0.001)	(0.003)	(0.007)	(0.082)
R^2	0.964	0.825	0.881	0.951	0.954	0.929	0.999	0.928	0.926	0.579
$H_0: b_1 = b_2 = 0$										
$chi2(2)$	33 031.7	3 196.2	1 910.1	3 167.7	31 377.9	3 023.5	3 700 000	100 000	23 440	356.2
P 值	0.000	0.000	0.000	0.000	0.000	0.000	0.000	0.000	0.000	0.000
$H_0: b_2 = 0$										
$chi2(2)$	690.8	3.27	726.2	3 163.6	2 092.1	106.1	3 600 000	97 987	21 994	229.8
P 值	0.000	0.071	0.000	0.000	0.000	0.000	0.000	0.000	0.000	0.000
$H_0: b_1 = -b_2$										
$chi2(2)$	21.04	44.39	1 350.1	1 676.3	269.6	9.85	280 000	64 815	14 494	269.1
P 值	0.000	0.000	0.000	0.000	0.000	0.002	0.000	0.000	0.000	0.000
面板效应	随机	随机	随机	随机	随机	固定	随机	随机	固定	随机

注：(1) * 、** 、*** 分别代表在10%，5%和1%的水平上显著；(2) 括号内为相应的标准差。

综上所述,本书所研究的食品工业均同时存在显著的卖方和买方市场力量,待检验假设的前半部分得到验证。这一结论与 Raper 等(2007)采用同样方法对美国烟草加工业市场力量估测的结果基本一致。由此可以得知,对中国食品工业,乃至其他所有产业市场力量的研究,不能忽略买方市场力量的影响。

3.3.2 参数估计

1. 卖方市场力量的估计

运用最小二乘法对模型(3.10)进行回归,可得到卖方市场力量(β^{mp})的估计值,见表 3.3。

表 3.3 各行业勒纳指数的估计与比较

行 业	β^{mp}	面板效应	$\beta^{ms}/(1+\beta^{ms})$	β^{ms}	面板效应
烟 草	0.876*** (0.006)	随机	0.903*** (0.005)	9.323	随机
豆 油	−1.082*** (0.019)	随机	−1.103*** (0.020)	−0.524	随机
花生油	−0.499*** (0.026)	随机	−0.357*** (0.033)	−0.234	随机
菜籽油	−0.037 (0.064)	随机	0.384*** (0.050)	0.924	随机
甘蔗糖	0.553*** (0.005)	随机	0.640*** (0.004)	1.780	随机
甜菜糖	0.567*** (0.014)	固定	0.606*** (0.013)	1.672	固定
大 米	0.410*** (0.044)	固定	0.873*** (0.005)	7.197	固定
面 粉	0.103*** (0.005)	随机	0.247*** (0.004)	0.328	固定
猪 肉	0.111*** (0.009)	随机	0.216*** (0.008)	0.276	固定
牛 肉	−0.113*** (0.013)	随机	−0.098*** (0.014)	−0.089	随机

注:(1)*、**、***分别代表在1%、5%和10%的水平上显著;(2)括号内为对应参数的标准差。

各行业中企业的卖方市场力量估计值存在非常大的差异，既有正值，也有负值。其中，市场力量最大的是烟草加工企业，平均勒纳指数达到 0.88，远远高于其他行业。根据卖方勒纳指数的公式 $[\beta^{mp} = (P_n - MC_n)/P_n]$ 不难推出，中国烟草加工企业可通过卖方市场力量使其产品价格高于边际成本 8 倍多，从而获取高额垄断利润。显然，这与烟草加工业经营特征是完全吻合的。中国烟草行业实行国家专卖，由国家完全垄断了烟叶的收购以及卷烟的生产和销售，理论上其卖方勒纳指数应接近 1。但由于各地方烟企之间激烈竞争而导致其集中度不高，而且国内卷烟品牌众多，大部分品牌之间替代性强，消费者选择余地较大。这些因素都在一定程度上削弱了烟草加工企业的卖方市场力量。Raper 等（2007）估测出美国烟草行业的卖方勒纳指数约为 0.51，远远低于中国烟草加工业水平，主要原因在于两国烟草行业经营体制不同。

甘蔗糖和甜菜糖加工企业的卖方市场力量仅次于烟草加工企业，两者的卖方勒纳指数值较为接近，分别为 0.55 和 0.57，即这两个行业的企业能将其产品价格分别定于边际成本的 2.2 倍和 2.3 倍。与烟草加工业不同，食糖加工业并没有过多的国家垄断和干预，因而其市场力量远远小于烟企。

大米加工企业的卖方勒纳指数估计值为 0.41，表明中国大米加工企业平均能将其产品价格定于边际成本的 1.7 倍。这一结果可能与大米的产品特性有较大关系。作为一种日常的大宗消费品，大米的生产和销售量特别大，市场竞争者数量庞大，竞争较为激烈，因而加工企业难以在产品市场上获得较大的市场力量。面粉和猪肉加工企业的卖方市场力量非常小，均在 0.1 左右。原因可能与大米加工企业类似。

而豆油、花生油、菜籽油及牛肉加工企业的卖方勒纳指数都为负值（其中在菜籽油加工业中该参数不显著）。这一结果表明在这三个行业中，增加产出不仅不会给企业带来利润，反而会带来亏损。在植物油加工业中，可能的原因是行业存在产能过剩[1]，或者竞争过于激烈，而且随着中国加入 WTO 后，进口植物油尤其

---

[1]　农业部指出，2013 年上半年以来，中国大豆油加工业产能过剩问题较为突出，而大型企业产能仍在进一步扩张。与此同时，食用植物油市场价格持续下跌，加工企业经济效益不断下降。由此可以推断，产能过剩可能是中国植物油加工企业缺乏市场力量的原因之一（引自农业部官方网站 http://www.moa.gov.cn/zwllm/zwdt/201310/t20131011_3626094.htm）。

是豆油疯狂涌入中国市场（这与豆油加工企业卖方勒纳指数值最小相吻合），导致国内市场植物油趋于饱和，国内加工企业扩大生产只会给自己带来损失。同时，以益海嘉里、邦吉、嘉吉、ADM 等为主的跨国公司在中国植物油市场大肆扩张规模，其先进的技术和设备让很多国内油企纷纷倒闭，植物油加工业正面临着重新洗牌，企业数量从 1987 年的 7 058 家下降到 2005 年的 1 549 家，2011 年恢复到 2 038 家，但其中有 166 家企业亏损，占企业总数的 8%。[①]而牛肉屠宰和加工企业卖方市场力量为负的可能原因则在于，近年来中国牛源紧张，加上玉米价格上涨推动了肉牛饲养成本上升。

2. 买方市场力量的估计

通过对模型（3.12）进行回归，可估计出 $\beta^{ms}/(1+\beta^{ms})$ 的值，进一步求解可得 β^{ms} 的值。表 3.3 的结果显示，各行业买方勒纳指数值的估计都非常显著，但不同行业这一指标的大小存在较大差异。

买方勒纳指数最大的是烟草加工企业，为 9.32，意味着烟企所获得的边际产品价值超过其烟叶收购价格的 10 倍。中国烟企买方市场力量远远高于其他行业，主要原因在于烟叶是一种专用性极强的产品，除了卖给烟企之外别无他用。而且，大量烟农面对极少数国有的烟企，农民的议价能力和谈判地位明显处于弱势。

中国烟企的买方市场力量并非最高，Raper 等（2007）运用相同的方法，估测出美国烟草加工企业的买方勒纳指数约为 10.36，略高于中国烟企。这一结果符合现实情况，因为中国烟叶的种植和收购由国家统一规划，国家发改委和国家烟草专卖局等有关部门每年都会出台相应政策对烟叶的收购价格进行调控，以维持烟叶价格相对稳定。而美国的烟叶收购市场是开放的自由竞争市场，由于市场集中度非常高，烟草加工企业可以尽可能压低烟叶收购价格，而不必考虑其他非市场因素。所以，相比较而言，美国烟草加工企业在烟叶收购环节比中国烟草加工企业拥有更大的市场力量。

---

① 数据来源：《中国食品工业年鉴》(1988—2006 年)；《中国轻工业年鉴》(2012 年)。

大米加工企业的买方市场力量稍低于烟企,估计出的买方勒纳指数值约为7.2,意味着大米加工企业可以将其边际产品价值维持在稻谷收购价格的8倍以上。农民辛辛苦苦种出来稻谷,企业从农民手中收购之后,经储运和简单加工,便能获得远远高于农民收益的利润。大米加工企业的买方市场力量如此之大,可能的原因主要在于大量分散的种粮农户面对少数的加工企业,双方力量严重失衡,农民处于明显的弱势地位。

甘蔗糖和甜菜糖加工企业的买方市场力量相对较弱,各自的买方勒纳指数估计值分别为1.78和1.67,表明这四个行业的企业所获取的边际产品价值分别仅为其原材料(甘蔗、甜菜、小麦和生猪)收购价格的2.8倍、2.7倍、1.33倍和1.28倍左右。甘蔗和甜菜具有明显的地域特色,前者主要在中国南方地区种植,后者则以北方为主。大量的种植者集中在少数的区域中,产品单纯依靠农民自己在当地市场销售是不可能全部出售的。农民要么选择将甘蔗或甜菜卖给加工企业,要么卖给中间环节的批发商。加工企业虽然不能完全垄断收购市场,但其竞争者并不算太多,这或许是糖企买方市场力量较强的主要原因。

菜籽油、面粉和猪肉加工企业的买方市场力量非常小,相应的买方勒纳指数值仅为0.92、0.33和0.28。菜籽油加工企业买方市场力量较小的主要原因可能也在于行业产能过剩和竞争过大。虽然小麦种植者的数量庞大、力量分散,但加工企业数量也相对较多[①],农民选择出售农产品的余地更大,谈判能力也相应更强,因而企业的买方市场力量也就更弱。猪肉加工企业买方市场力量较弱的原因可能在于,生猪价格具有明显的周期性,暴涨暴跌之下,企业的买方市场力量可能会得到一定的中和。

其余行业中企业的买方市场力量均为负,尤其是豆油和花生油加工企业,买方勒纳指数分别为-0.52和-0.23。原因与上文关于其卖方市场力量的分析类似,故不再赘述。

综合上述分析,可以发现各行业买方市场力量均强于其卖方市场力量,如中

---

① 第2章数据显示,中国谷物磨制企业数量达到5 368家,而制糖企业仅283家。

国烟草加工企业在产品市场上能将其产品价格定于边际成本的 8 倍多,而在原材料收购市场上,烟企所获得的边际产品价值超过烟叶收购价格的 10 倍;同样的情况也存在于其他行业。这一结论验证了之前提出的假设的后半部分,即各行业买方市场力量比卖方市场力量更强。

3.4 小结

本章采用原始—对偶索洛余值法估测了中国十大食品工业中企业的买方和卖方市场力量。原始—对偶索洛余值法是 Raper 等(2007)提出的估测市场力量的新方法,其最大优点在于可以同时估测出买方和卖方市场力量,目前国内尚未有学者使用这一方法进行过相关的实证研究。同时,本研究也是首次将企业层级的面板数据应用于这一方法。

本章的研究结果符合预期假设,计量回归和检验非常显著,得出的结论也与现实情况吻合较好。模型估计结果表明,在烟草、制糖和大米加工业中,企业在原材料收购环节和产品销售环节都具有较强的买方和卖方市场力量,而且买方市场力量比卖方市场力量更大。豆油、花生油、菜籽油和牛肉加工企业的卖方市场力量为负,其主要原因可能在于行业产能过剩、竞争激烈,加之进口压力较大,或者行业生产成本较高。此外,豆油、花生油和牛肉加工企业的买方市场力量也为负。

市场力量与行业福利的分配密切相关,尤其影响处于产业链上、中、下游的农民、企业和消费者的福利。对于三大市场主体:食品加工企业、消费者和农民而言,加工企业处于绝对的强势地位,可以从上下游同时攫取垄断利润;而农民则处于绝对的弱势地位,因为一方面烟叶、甜菜等具有完全的专用性,除了出售给企业之外别无其他用途,另一方面,大量农民面对的只有几家甚至一家收购商,几乎没有议价能力;消费者也处于弱势地位,但相对于农民而言有一定的选择余地。

　　尽管本研究所使用的原始—对偶索洛余值法具有多方面的优点，但也存在不足之处，其中最值得质疑的是假设上述四大食品工业规模报酬不变，这一假设并不符合实际情况，因此模型估测出来的结果会存在一定的误差，这也是日后研究需要改进的地方。

第 4 章
中国食品工业市场力量的形成

在现实经济中,并不存在所谓的完全竞争和完全垄断市场,而是以介于两者之间的垄断竞争为主。张伯仑(1933)指出,由于产品之间存在差别,因此生产商或销售商具有了对该产品的绝对垄断;但不完全替代品的存在,又使得这一垄断被打破,替代品的生产者或销售者给市场带来了竞争。这两种力量的共同作用,就形成了垄断竞争的市场结构。当然,今日社会与20世纪30年代相比,已经相去甚远。影响市场垄断性与竞争性的因素越来越多,也越来越复杂。

第3章的实证分析表明,不同行业的企业所拥有的市场力量存在较大差异,究竟是什么因素导致市场力量的形成?对这个问题的回答非常重要,甚至可以作为行业规制政策尤其是反垄断政策的制定与执行依据。从根本上说,市场力量源于厂商追逐利润的本性,作为理性的经济人,厂商将利润最大化作为其生产经营的最终目的,而成本最小化则是利润最大化的必要条件,两者的共同作用构成了厂商市场力量的根本源头。因而,在市场力量的影响因素方面,厂商行为起到决定性作用。

任何厂商的生产经营活动并非也不可能独立于社会,外部环境诸如竞争者数量、集中度等市场结构因素,以及税收、补贴等政府政策无时无刻不在影响厂商的行为和绩效,从而,也就间接地影响厂商的市场力量。此外,厂商自身的规模特征如总资产等,也会对其市场力量产生各种各样的影响。因此,如何合理地评估和区分各类变量对市场力量的影响,已经成为产业组织理论的一个重大难题,也是一个迫切需要深入探索的课题。

4.1 文献回顾

国外关于市场力量形成的研究虽然起步较早,但数量非常有限,而且大多为描述性分析和简单的计量分析,至目前为止,经济学界关于这方面的研究仍然缺乏系统、牢固的理论基础。Shepherd(1972)较早对市场力量的决定因素进行了论述,认为市场力量的一般性决定因素包括工业的"成长阶段"、工业的技术条件和需求条件、对市场信息的把握程度及政府政策等。如果从经济和政治两个角度来考虑,则决定市场力量的经济因素主要有规模经济、技术和财务优势、投入品市场的不完全性及工业增长率等,而政治因素可能包括各类补贴、管制、有利于兼并的税法、政府采购及反托拉斯政策等。总而言之,市场力量既可能是来自企业获取高额利润的垄断行为,也可能来自企业的技术创新或工艺改良。他对市场力量决定因素的研究主要还是以定性分析为主,缺乏规范的实证研究。

从 20 世纪 70 年代末开始,随着计量经济学和产业组织理论的快速发展,关于市场力量形成的实证分析逐渐出现。Cowling 和 Waterson(1976)的研究表明,价格—成本差额与集中度指标(H 指数或 CR4 指数)之间存在显著的正相关关系,认为集中度是市场力量的重要影响因素。而 Feinberg(1980)通过构建相关的指标和计量模型,并使用 1972 年美国 295 个四位数行业的数据进行实证估测,发现 CR4 与市场力量存在正相关的概念缺乏足够的支持。[1]Shepherd(1972)也指出,尽管集中度与市场力量之间可能存在相关性,但并不能认为集中度必然是市场力量的决定因素。Guevara 等(2005)对欧洲银行业不完全竞争的原因进行了实证研究,认为银行系统的竞争程度受消费贷款、抵押贷款、存款等因素的影响。规模报酬与横向产品差异化的结合可能会引起市场力量的有限上升,同时,在无线电、电

---

[1] CR 为 Concentration Ratio(市场集中度)的简写,代表市场集中情况,CR4 代表某一行业中规模排名前 4 位的企业的市场份额之和。

视、通信设备以及制药和计算机设备行业,市场力量的变化一定程度上取决于创新租金(Martins et al.,1996)。市场行为对市场力量的形成也可能存在一定的影响,如有学者的研究表明,广告可能会通过增加产品的差异性,降低产品的需求价格弹性,最终增加企业的市场力量,使得农民的收益减少(Zhang and Sexton,2002;Kinnucan,2003)。

早期关于技术对市场力量影响的研究,大多从"技术—市场结构—市场力量"这一影响路径间接展开。而 Färe 等(2012)则从理论的角度证明了技术对市场力量有直接影响。同时,技术的互补也会增加企业的市场力量,企业因此能将产品价格定得非常高(Goel,2009)。Ahn 和 Sumner(2009)开创性地研究了政治力量是如何转换为市场力量的,并构造理论方法估测出相关利益集团通过利用其政治势力制定有关政策所具有的市场力量。雇主在雇用工人时不可避免地具有买方市场力量,主要来源于工人对工作偏好的异质性、移动成本和不完全信息(Bhaskar,Alan and Ted,2002)。超市服务的改善也会导致市场力量增强(Bonanno and Lopez,2009)。

国内对市场力量形成因素的研究非常匮乏,对市场力量的研究主要停留在估测市场力量大小,以及分析其对资源配置效率等方面的影响上。

从已有文献来看,分析市场力量形成因素的理论和计量模型十分罕见。究其原因,主要包括三方面:其一,决定和影响厂商市场力量的行为和规模特征变量,相互之间往往存在较强的相关关系,这会使得模型产生严重的内生性问题,从而无法得到一致的估计;其二,这些变量与市场力量之间的因果关系难以准确判断,如市场份额与市场力量究竟谁是因,谁是果?如果盲目地放入模型中进行回归,则有可能得到看似完美的"虚假回归";第三,其他影响市场力量的外生变量(如广告、研发、税收等)数据不易获取。

为此,本研究尝试做一些突破,一方面采用企业层级的面板数据,其中包括了可能会影响市场力量的变量,如企业的广告、研发、职工培训、税收、补贴等费用,以这些变量作为解释变量,构建计量模型来分析其对市场力量的影响;另一方面,对于一些可能会影响市场力量的内生变量,如市场份额、企业总资产等,则主要采用定性分析或描述性统计分析，讨论其对市场力量的影响。

4.2 模型构建

估测出每家企业市场力量的大小，是分析市场力量形成的第一步。传统的估测方法，包括 NEIO 模型、索洛余值法、非参数法等，都只能估测出行业平均的勒纳指数值，以此作为因变量显然不合适，故应重新考虑市场力量的估测方法。

从目前这方面的研究进展来看，比较可行的一种方案是通过估测企业的成本函数和边际成本函数，再结合企业的产出价格来估算出勒纳指数。具体而言，首先构建成本函数估计出相关参数，再通过求导得出边际成本函数，并将估测出的成本函数参数值代入边际成本函数，以估测出各个企业的勒纳指数。这样的处理方法，能够反映出不同企业的市场力量差异，并可将其作为因变量，来分析影响市场力量形成的因素。

随机前沿成本函数是目前关于成本函数应用较广的一种函数形式。在 Aigner 等（1977）、Meeusen 和 van den Broeck（1977）提出的随机前沿生产函数的基础上，Schmidt 和 Lovell（1979）构建了与之对应的随机前沿成本函数，很多学者应用随机前沿成本函数对市场力量的有关问题进行了研究（Berger and Hannan，1998；Maudos and Fernández de Guevara，2007；Solís and Maudos，2008）。针对中国食品工业的特殊情况，本研究构建随机前沿成本函数如下：

$$\ln c_{it} = \sum \gamma_h \ln \omega_{hit} + \gamma_q \ln q_{it} + \frac{1}{2} \sum \sum \gamma_{hj} \ln \omega_{hit} \ln \omega_{jit} + \frac{1}{2} \gamma_{qq} (\ln q_{it})^2$$

$$+ \sum \gamma_{hq} \ln \omega_{hit} \ln q_{jit} + \rho_t T + \rho_q T \ln q_{it} + \sum \rho_h T \ln \omega_{hit} + \ln u_i + \ln v_i$$

$$(4.1)$$

其中，c_{it} 和 q_{it} 分别为企业 i 的总成本和总产出，ω_{it} 为企业的要素价格（包括原材料、劳动和资本），T 为时间趋势项，代表技术进步。通过对产量 q_{it} 求导，可得到边际成本的计算公式：

$$mc_{it} = \left(\gamma_q + \gamma_{qq}\ln q_{it} + \sum \gamma_{hq}\ln \omega_{hit} + \rho_q T\right)\frac{c_{it}}{q_{it}} \tag{4.2}$$

从而，可进一步估算出企业的勒纳指数 $[L = (p - mc)/p]$，即市场力量。

根据"结构—行为—绩效"范式，影响市场力量的因素大致可分为两类，一是行业结构，包括买者和卖者数量、产品差异性、多样化、厂商规模、进入壁垒、纵向一体化程度等；二是厂商行为，主要包括定价、研究与开发、合谋、兼并、广告、投资等。然而，在这两类因素之外，政府的政策往往也会影响企业的市场力量，尤其在中国，国有企业常常凭借政府的庇护而拥有强大的市场力量。政府政策主要包括管制、反垄断、税收和补贴、政府（定向）采购、投资刺激、就业刺激、研发支持等。

在所有这些变量中，只有少数是可以量化的，这意味着，大部分影响市场力量的变量无法纳入计量模型中进行实证分析，如产品差异性、进入壁垒等，这些都是厂商市场力量形成的重要因素，但由于数据无法获取，因而只能采用定性分析。

结合数据获取的情况，本研究从上述变量中挑选出 7 个相对重要且能量化的指标作为模型的解释变量，以及 1 个控制变量，构建计量模型如下：

$$\ln L_{it} = \alpha + \beta_1 \ln ADV_{it} + \beta_2 \ln RD_{it} + \beta_3 \ln EDU_{it} + \beta_4 \ln LI_{it} \\ + \beta_5 \ln TAX_{it} + \beta_6 \ln SUB_{it} + \beta_7 \ln INV_{it} + \beta_8 D_{it} + \varepsilon_{it} \tag{4.3}$$

其中，L_{it}、ADV_{it}、RD_{it}、EDU_{it}、LI_{it}、TAX_{it}、SUB_{it}、INV_{it} 分别为企业的市场力量、广告投入、研发投入、职工培训费用、长期投资、税收、补贴、存货，除税收、补贴和虚拟变量之外，其余变量均代表企业的经营行为；税收和补贴代表企业的外部环境；D_{it} 为代表企业产权性质的虚拟变量，在企业的实收资本中，国有资本比重超过非国有资本比重时，$D = 1$，否则 $D = 0$。$D = 1$ 时意味着该企业是国有控股的，以此作为控制变量来观察国企在市场力量的形成上是否具有明显优势。

诚然，模型遗漏了一些重要的解释变量，但由于本研究的目的不在于用模型进行预测，而主要是为了分析各个变量对市场力量的影响。因而，在数据不可获取的条件下，这是不得已的次优选择。

4.3 数据说明

本章所使用的数据与第 3 章为同一套数据，在估计随机前沿成本函数及边际成本时所选取的变量基本一致。在估计市场力量的形成因素时增加了一些变量，包括广告投入、研发投入、职工培训费用、长期投资、税收、补贴、存货以及企业产权性质的虚拟变量。

企业产权性质的虚拟变量是根据《中国工业企业数据库》公布的企业实收资本构成换算得来的，原始数据中实收资本分为 6 个门类，分别为国家资本金、集体资本金、法人资本金、个人资本金、港澳台资本金、外商资本金。首先计算出各类资本金占实收资本的比例，然后比较国家资本金比重与其他 5 类资本金比重之和的大小，前者大于后者为 1，反之为 0。

其余广告投入、研发投入等变量的数据是直接从《中国工业企业数据库》中获取的，由于很多企业在这些方面投入非常少，甚至零投入，因此个别变量对市场力量的解释力比较弱，具体见后文的结果分析。

表 4.1 显示的是 1999—2011 年不同行业企业在广告、研发等方面的投入均值，从中可看出烟草加工企业在各项指标中的投入要远远大于其他行业。在除烟草之外的其他行业中，豆油和花生油加工企业在广告投入上明显大于其他企业，其中豆油加工企业的存货投资也是所有企业中最大的；甘蔗糖和甜菜糖加工企业在长期投资和存货投资上的投入也相对较大。这些都反映出不同行业企业的行为特点。关于其他变量的基本情况详见表 3.1。

表 4.1　影响市场力量形成的主要变量的均值（元）

行　业	ADV	RD	EDU	LI	TAX	SUB	INV
烟　草	30 300 000	10 400 000	1 578 855	165 000 000	919 000 000	7 361 961	545 000 000
豆　油	202 452	23 997	16 338	1 578 228	5 327 519	238 843	59 900 000
花生油	699 720	17 287	14 652	631 608	807 926	32 010	11 500 000
菜籽油	30 443	13 473	1 355 443	522 130	432 206	84 931	5 946 427
甘蔗糖	15 857	19 085	93 515	5 761 954	10 800 000	211 211	20 400 000
甜菜糖	13 375	10 849	52 849	8 159 953	5 595 547	368 246	46 000 000
大　米	13 479	73 224	6 309	26 413	912 358	37 977	2 721 520
面　粉	17 690	53 609	5 784	76 353	740 267	70 738	5 813 405
猪　肉	34 467	125 780	12 556	576 715	1 428 179	112 379	3 352 485
牛　肉	31 886	3 349	6 229	404 361	808 828	128 833	9 176 943

资料来源:《中国工业企业数据库》。

4.4　结果分析

通过采用 Stata 12.1 版软件中的随机前沿成本函数分析法对模型(4.1)进行回归,可估测出企业的成本函数,见表 4.2。从表中不难发现,除花生油加工业外,其他行业成本函数的参数估计大多比较显著,说明模型的拟合效果较好。花生油加工业的成本函数拟合效果较差,可能的主要原因在于样本量较少,数据质量不高。尽管如此,用于估测边际成本的几个参数大多比较显著,如 γ_{qq}、γ_{kq}、γ_{lq} 均在 5% 的水平上显著,因而可以用于下一步的边际成本估测。模型拟合效果最好的是烟草、甘蔗糖和大米加工业,从表 4.2 中可以看出,这三个行业的成本函数系数大多非常显著。在除烟草之外的其他行业中,由于时间趋势项与其他变量的交叉项与模型中某些变量之间可能会存在多重共线性问题,因而,在估计模型的时候被剔除出去。

表 4.2 随机前沿成本函数的参数估计

ln c	烟草 系数	烟草 标准差	豆油 系数	豆油 标准差	花生油 系数	花生油 标准差	菜籽油 系数	菜籽油 标准差	甘蔗糖 系数	甘蔗糖 标准差
γ_k	219.64**	88.164	97.25***	11.79	−41.88	42.14	96.167**	37.984	26.216***	10.069
γ_l	−30.55**	14.267	7.006	17.01	6.604	7.101	−11.886**	4.805	−22.5***	2.478
γ_m	121.79***	42.104	−231.6***	33.07	1.314	14.095	−194**	88	−363***	36
γ_q	44.44***	8.974	−8.085	5.966	−11.410	15.711	−0.390	0.734	28.163***	8.287
γ_{kk}	−1.816**	0.755	31.07***	3.829	−7.063	12.249	26.30***	9.736	−0.726	3.048
γ_{lk}	0.264*	0.139	−1.060**	0.458	3.013	4.001	−3.711	2.890	−5.861**	0.830
γ_{mk}	−1.040**	0.437	−7.810***	1.299	3.326	10.010	−6.326*	3.778	3.266	0.883
γ_{ml}	−0.249**	0.123	−0.011	0.191	1.716	2.370	−1.130	0.915	−2.319*	0.366
γ_{ll}	0.047*	0.023	0.088*	0.053	−0.187	0.574	0.739***	0.200	1.045***	0.184
γ_{mn}	0.436*	0.227	−1.394**	0.367	−1.912	3.183	1.207***	0.463	−0.540**	0.246
γ_{qq}	0.053***	0.010	0.025***	0.005	0.037***	0.007	0.059***	0.011	0.017***	0.006
γ_{kq}	−0.228***	0.041	−0.008	0.071	0.326**	0.158	−0.089	0.185	0.250***	0.059
γ_{lq}	−0.031*	0.012	−0.008	0.010	−0.172**	0.073	0.014	0.042	0.195***	0.041
γ_{mq}	0.102***	0.032	−0.027	0.031	−0.009	0.108	0.112*	0.060	−0.028	0.024
ρ_t	−0.027	0.161	−0.143*	0.074	−0.095	0.102	−0.069*	0.036	0.537***	0.075
ρ_q	−0.022***	0.005	0.004	0.003	0.007	0.008	—	—	−0.014***	0.004
ρ_k	−0.111**	0.045	0.000	0.045	—	—	—	—	—	—
ρ_l	0.016**	0.007	−0.005	0.008	—	—	—	—	—	—

续表

$\ln c$	烟草		豆油		花生油		菜籽油		甘蔗糖	
	系数	标准差	系数	标准差	系数	标准差	系数	标准差	系数	标准差
ρ_m	−0.062***	0.021	0.111***	0.017	—	—	0.094**	0.045	0.189***	0.018
CONS	63.35	317.36	442.66***	147.84	87.979	199.128	3462***	96.6	−906.9***	148.5
σ^2	0.118	0.007	0.070	0.004	0.148	0.018	26.295	0.206	0.040	0.002
γ	0.424	0.037	0.395	0.035	0.784	—	0.999	0.000	0.313	0.031
σ_u^2	0.050	0.007	0.028	0.004	0.116	—	26.274	0.206	0.013	0.002
σ_v^2	0.068	0.003	0.042	0.002	0.032	—	0.021	0.002	0.028	0.001

$\ln c$	甜菜糖		大米		面粉		猪肉		牛肉	
	系数	标准差	系数	标准差	系数	标准差	系数	标准差	系数	标准差
γ_k	−94.7***	19.3	9.283**	4.609	−5.766	4.142	17.868***	7.445	67.74	60.91
γ_l	5.109*	3.008	0.499	0.999	−1.327**	0.520	2.508**	0.918	10.05*	5.31
γ_m	−297*	160	−98.3***	16.0	−169.7***	15.40	−78.884***	17.417	236.2	156.7
γ_q	0.798	0.676	17.53***	2.868	−27.33***	2.653	3.579	3.414	−0.523	0.810
γ_{kk}	−24.8***	5.14	3.712***	1.203	−1.596	1.069	8.983***	2.047	21.77	19.92
γ_{lk}	5.651***	1.417	−0.240	0.362	0.466*	0.271	1.724***	0.479	3.145	3.460
γ_{mk}	2.075	2.178	−1.34***	0.440	−0.158	0.436	−1.829**	0.842	−16.14**	7.86
γ_{ml}	−4.18***	1.312	1.001***	0.179	−2.460***	0.203	−0.565***	0.216	1.234	1.861
γ_{ll}	0.280	0.200	−0.213***	0.067	0.470***	0.048	−0.021	0.079	−0.769	0.689

续表

	甜菜糖		大米		面粉		猪肉		牛肉	
	系数	标准差	系数	标准差	系数	标准差	系数	标准差	系数	标准差
$\ln c$	1.753**	0.895	-1.868***	0.131	-0.004	0.150	-0.180	0.218	2.899	2.009
γ_{mm}	0.101***	0.010	0.023***	0.001	0.018***	0.001	-0.001	0.002	0.000	0.011
γ_{qq}	-0.018	0.112	0.151***	0.027	-0.065***	0.018	0.096***	0.032	-0.297	0.254
γ_{kq}	-0.129***	0.043	0.055***	0.012	-0.115***	0.011	0.055***	0.013	0.047	0.097
γ_{lq}	0.328***	0.068	0.043***	0.010	0.031***	0.010	-0.035***	0.012	0.102	0.129
γ_{mq}	0.144	0.115	0.145***	0.023	-0.276***	0.022	-0.056*	0.030	0.240	0.167
ρ_t	—	—	-0.008***	0.001	0.014***	0.001	-0.001	0.002	—	—
ρ_q	—	—	—	—	—	—	—	—	—	—
ρ_k	—	—	—	—	—	—	—	—	—	—
ρ_l	—	—	—	—	—	—	—	—	—	—
ρ_m	0.159*	0.083	0.046***	0.008	0.090***	0.008	0.040***	0.009	-0.135*	0.081
CONS	-431*	229	-274***	46	544***	42.14	126.2**	57.0	-383.7	319.7
σ^2	0.034	0.005	0.504	0.033	0.145	0.050	1.627	0.131	0.094	0.008
γ	0.631	0.060	0.971	0.002	0.957	0.015	0.993	0.001	0.317	—
σ_u^2	0.021	0.005	0.490	0.033	0.139	0.050	1.616	0.131	0.030	—
σ_v^2	0.012	0.001	0.015	0.000	0.006	0.000	0.011	0.000	0.064	—

注：(1) *** 和 ** 代表在 1% 和 5% 的水平上显著；(2) Wk、Wl、Wm 分别为企业资本、劳动和原材料价格，即中长期贷款利率、工资和烟叶收购价格；(3) 由于共线性问题，时间 t 与其他解释变量的交叉项被剔除出模型，因而其系数估计值为空。

资料来源：《中国工业企业数据库》(1999—2011 年)。

表 4.3 市场力量影响因素的模型估计结果

变量	烟率	豆油	花生油	菜籽油	甘蔗糖	甜菜糖	大米	面粉	猪肉	牛肉
$\ln ADV_{it}$	0.104* (0.006)	-0.020*** (0.007)	-0.010 (0.029)	0.023 (0.044)	0.002 (0.008)	0.001 (0.010)	0.016* (0.009)	-0.056 (0.088)	-0.012 (0.013)	0.007 (0.016)
$\ln RD_{it}$	— (—)	0.009 (0.013)	0.101** (0.043)	0.031 (0.089)	0.002 (0.016)	0.016 (0.020)	-0.003 (0.014)	0.022 (0.034)	-0.018 (0.017)	0.060** (0.030)
$\ln EDU_{it}$	0.180*** (0.052)	-0.013** (0.006)	0.001 (0.027)	-0.015 (0.032)	0.036*** (0.005)	0.006 (0.008)	-0.012* (0.007)	0.008 (0.025)	0.003 (0.009)	-0.014 (0.016)
$\ln LI_{it}$	0.129* (0.073)	-0.017*** (0.005)	-0.054* (0.031)	0.007 (0.031)	0.037*** (0.004)	-0.008 (0.007)	0.014 (0.011)	0.067*** (0.023)	0.029*** (0.010)	0.016 (0.014)
$\ln TAX_{it}$	0.460*** (0.140)	0.043*** (0.014)	-0.063 (0.080)	-0.008 (0.078)	0.047 (0.036)	-0.032 (0.033)	-0.026* (0.015)	-0.002 (0.059)	0.008 (0.006)	0.016 (0.011)
$\ln SUB_{it}$	— (—)	-0.003 (0.006)	-0.053 (0.048)	0.001 (0.033)	-0.008 (0.006)	-0.001 (0.006)	-0.019** (0.009)	2.082*** (0.473)	-0.003 (0.008)	0.016 (0.016)
$\ln INV_{it}$	-0.365** (0.146)	0.002 (0.007)	0.002 (0.031)	-0.085* (0.049)	-0.024** (0.010)	-0.057** (0.026)	-0.023*** (0.007)	0.221** (0.100)	-0.004 (0.009)	-0.055 (0.038)
D_{it}	— (—)	-0.090 (0.101)	-2.576*** (0.794)	-0.155 (0.388)	-0.205** (0.088)	0.080 (0.096)	-0.452*** (0.166)	0.000 (0.000)	0.030 (0.165)	-0.087 (0.258)
α	-9.469*** (1.976)	-2.230*** (0.220)	-1.736 (1.123)	-1.874 (1.238)	-2.891*** (0.548)	-0.201 (0.545)	-2.579*** (0.196)	-7.302*** (1.663)	-4.137*** (0.119)	-2.333*** (0.522)
R^2	0.291	0.060	0.205	0.072	0.122	0.166	0.016	0.510	0.012	0.052
面板效应	固定	固定	固定	随机	固定	随机	固定	固定	固定	随机

注：*，**和***分别代表在10%、5%和1%的水平上显著。

　　估计出成本函数之后,再将有关系数代入边际成本函数中估测出企业的边际成本,从而进一步估算出企业的市场力量。最后通过对模型4.3进行回归,可得到影响市场力量因素的主要结果,见表4.3。由于某些变量(如广告和研发)在某些年份中的数据缺失,以及可能遗漏重要的解释变量,因而模型的拟合优度(R^2)大多不高,尤其在豆油、菜籽油、大米、猪肉和牛肉加工业中,R^2均小于0.1,这是本研究在这方面最大的缺陷。

4.4.1　企业行为与市场力量

　　根据"结构—行为—绩效"范式,企业行为是形成市场力量的决定性因素。在市场经济环境中,企业一般会综合运用各种手段实现其成本最小化和利润最大化的经营目标。

1. 广告和研发

　　广告和研发是企业较为重视的手段,也是最常见的经营策略,前者对于维持产品价格和促进产品销量有着显著作用,而后者则是维护产品质量和多样性、提高企业核心竞争力的关键手段。在食品工业中,产品的品牌知名度、信誉、质量安全、多样化、包装、品质、口感等方面的改善,对于维持和提升产品价格有着极大的促进作用。因此,有理由认为,广告和研发投入很可能是促进企业市场力量形成的重要因素。

　　由于《中国工业企业数据库》所公布的数据中,关于企业广告和研发的数据缺失较为严重,加之中国很多食品企业在这方面的投入本来就少,甚至零投入,因而在模型的估计结果中,这两个变量的系数大多不显著。尽管如此,在个别样本量较大的行业中,依然能得到一些较为理想的估计结果。其中,烟草和大米加工企业的广告投入对各自的市场力量产生显著的正向影响,但影响幅度非常小,前者的弹性值为0.1,后者仅为0.02。豆油加工企业的广告投入对其市场力量产生显著的负向影响,影响幅度同样非常小,为−0.02,这一结果与经验判断不相符。其他行业广告投入的系数虽然不显著,但系数值大多为正,一定程度上印证了广告对市场力量的促进作用。在研发投入的估计系数中,仅菜籽油和牛肉加工企业显著,系数值为 0.1 和 0.06,表明在这两个加工业中,企业研发投入每增加 1%,其市场力量会上升 0.1% 和 0.06%。与广告投入变量一样,虽然大部分行业研发投入的系数不显著,但估计值大多为正。

2. 职工培训

除广告和研发之外,企业其他方面的行为也可能会影响其市场力量的形成,如加强对职工的教育和培训,提升其工作技能。但在不同行业中,职工培训费用这一变量对市场力量的影响方向各有不同。在烟草和甘蔗糖加工业中,职工培训费用对市场力量产生显著的正向影响,其弹性值分别为 0.18 和 0.04,意味着职工培训费用每增加 1%,分别会给烟草和甘蔗糖加工企业的市场力量提升 0.18% 和 0.04%。显然,这样的影响是非常小的。而在豆油和大米加工业中,估计结果表明,职工培训费用对企业市场力量会产生显著的负向影响,弹性值分别为 -0.01 和 -0.04。在其他行业中,这一变量对市场力量则没有显著的影响。

3. 长期投资

长期投资是企业为了实现可持续发展的重要策略之一,长期投资的增加,一方面会影响企业当前的经营策略,如企业可能会牺牲当前的一些短期利益,通过降价促销来占领市场,同时企业当前可利用资金也会减少;另一方面则会对企业未来的效益产生直接影响,如市场份额的增加、成本的下降等。直观来看,长期投资对企业市场力量的影响应该是间接的。

表 4.3 的估计结果显示,在多数行业(7 个)中,长期投资对企业市场力量产生正向影响。尤其在烟草、甘蔗糖、面粉和猪肉加工业中,长期投资对企业市场力量产生显著的正向影响,弹性值分别为 0.13、0.04、0.07 和 0.03,表明这 4 个行业的企业平均每增加 1% 的长期投资,其市场力量分别会增加 0.13%、0.04%、0.07% 和 0.03%。虽然这样的影响在统计上很显著,但实际中的效果很微弱。而在豆油和花生油加工业中,企业长期投资会对其市场力量产生显著的负向影响,但影响幅度都很小,弹性值分别仅为 -0.02 和 -0.05。在其余行业中,企业长期投资对

各自的市场力量没有显著的影响。

4. 存货投资

在制造业和加工业中,存货投资是企业经常采用的经营策略,目的主要是为了维持平稳的生产水平,避免缺货,或者规避市场价格波动所带来的损失和风险。然而,存货也可能是非自愿的行为,当市场行情低迷时,企业不得不积压产品或原材料,这种情形往往会增加企业的储藏成本和资金周转压力。因而,存货的增加究竟会给企业市场力量带来何种影响,还取决于其动机和效果。

表 4.3 的估计结果显示,除了豆油、花生油和面粉加工业之外,其余行业存货投资均对企业的市场力量产生显著的负向影响。其中,影响幅度最大的是烟草加工业,烟企存货投资平均每增加 1％,其市场力量会下降 0.37％。其他行业存货投资对市场力量的弹性值的绝对值均小于 0.1,影响最小的是甘蔗糖和大米加工业。主要原因可能在于这些行业的存货投资为非自愿的,产品或原材料的积压,往往带来一定的损失和销售压力。

与此相反,面粉加工企业的存货投资对其市场力量产生显著的正向影响,弹性值为 0.22,意味着面粉加工企业平均每增加 1％的存货投资,其市场力量会上升 0.22％。其原因可能在于,面粉加工企业通过对小麦或面粉进行库存调节,从而规避价格风险,增加收益。

4.4.2 政府政策与市场力量

政府政策是市场力量的重要影响因素已成为学术界共识。但在中国,政府政策的对企业市场力量的影响因行业性质不同而有较大差异,对某些特殊行业(如国有垄断行业、尖端技术产业等)中企业市场力量的形成产生决定性影响,而对一般性行业市场力量的形成影响可能相对较小。

政府政策对市场力量的影响非常复杂,由于本研究使用的数据为企业层级的面板数据,可能会影响每家企业的市场力量,且能够被量化的政府政策变量并不多。本研究挑选了税收和补贴这两项指标,两者的数据均可直接从数据库中获取。

1. 税收

税收对市场力量的影响取决于很多方面,包括行业产品特性、结构特征等。一般而言,税收会影响企业的利润,为了尽可能地增加收益,企业往往想尽一切办法将增加的税收负担转移给消费者,比如提高产品价格,一些企业甚至将产品价格提高到超过税收增加之前的水平。正所谓"羊毛出在羊身上",税收往往最终还是由消费者承担。对于价格弹性较低的产品,企业提价的空间较大,如烟草行业,尽管税收是最重的,但其利润空间和市场力量也是最大的。而对于价格弹性较大的产品,虽然税收的增加导致企业生产成本上升、利润空间缩小,但企业也不敢过分地提高产品价格。

模型估计结果表明,在中国烟草和豆油加工业中,税收对企业市场力量产生显著的正向影响,税收平均每增加1%分别导致这两个行业企业的市场力量增加0.46%和0.04%。与此相反,在大米加工业中,税收增加会显著地降低大米加工企业的市场力量。而在其他行业中,税收对企业市场力量没有明显的影响。

2. 补贴

与税收不同,政府的补贴可能会对企业产生两种截然不同的影响。其一,企业将政府的补贴用于产品研发、技术改进、固定资产投资及至广告等方面,这些都可能会增强企业的市场力量;其二,获得政府补贴的企业,可能会放松管理,减少为增加企业利润的一系列努力。事实上,这两种可能性都存在,而且在中国非常普遍。很多企业凭借政府的补贴改进了技术和设备,实现了企业的快速发展;同样也有很多企业,依靠政府补贴维持生存,甚至通过各种手段骗取补贴。

从表4.3的结果来看,只有大米和面粉加工业中这一变量显著,前者的弹性值为负,意味着政府补贴平均每增加1%,大米加工企业的市场力量会下降0.02%,下降幅度非常小,几乎可以忽略不计;而后者的弹性值为正,高达2.08,表明政府补贴每增加1%,面粉加工企业的市场力量会上升2.08%,可能的原因在于补贴增强了面粉企业的竞争能力,从而导致其市场力量上升。其余行业中补贴对企业市场力量的影响尽管不显著，但系数大多为负值。补贴系数为负可能的原因有两方面：第一，补贴有利于改善企业生产效率，增强行业竞争程度，从而导致产品价格下降；第二，补贴导致企业管理更加松散，生产经营成本上升，从而削弱了企业的市场力量。

但由于政府补贴的毕竟是少数企业，很多企业都没有这方面的数据，这可能是补贴这一变量在大部分行业中不显著的重要原因。当然，也不能排除补贴本来对市场力量就没有显著影响的可能。只是受数据质量限制，本研究难以得出确定的结论。

4.4.3 企业产权性质与市场力量

国有企业在垄断经营、管理效率等方面一直备受社会各界诟病，在很多人眼里，国企甚至成了垄断和低效率的代名词。不管这样的观点是否过于极端，国企凭借其自身的优势地位，在行业准入、银行贷款、行政审批等很多方面和领域拥有比民营企业优厚的待遇已经是众所周知。国有资本控股对企业市场力量是否有显著影响？从目前的研究进展来看，对这一问题的回答还仅仅停留在经验判断或简单的数据分析层面，不论是正方还是反方都缺乏有力的证据支持。

从本章的实证结果来看，在除烟草、甜菜糖、面粉和猪肉加工业之外的其余行业中，代表企业产权性质的虚拟变量的系数均为负。这意味着，在这些行业中，国有资本控股不仅没有增加企业的市场力量，反而还削弱了企业的市场力量。尤其在花生油和大米加工业中，这一变量系数的绝对值很大。这一结果看似与社会的主流观点矛盾，但实际上却与现实是非常吻合的。国有资本控股的企业，由于其产权属于国家（或全民）而不属于个人，因而管理效率偏低，生产经营成本偏大。然而，由于跟其他非国有企业在同一个市场中竞争，其产品和原材料价格必须与市场基本一致。在成本上升的情况下，价格不能相应地得到提升，市场力量（勒纳指数）必然相对较低。这从侧面有力地证明了国有产权管理效率的低下。

4.5　市场力量形成的其他决定因素

4.5.1　市场结构

根据"结构—行为—绩效"范式,企业的集中度越高,相互之间的合作就越强,因而企业可以设定一个更高的价格,从而获取超额利润(Mason,1939;Bain,1951;Stigler,1964;Heggested,1977;Clark,1986;Ahmed and Khababa,1999;Sathye,2005;Samad,2008;Alzaidanin,2003;Pilloff and Rhoades,2002;Farooq,2003;Maudos and Fernandez de Guevara,2007;Al-Muharrami and Matthews,2009;等等)。据此可以认为市场结构是决定市场力量的重要因素之一。

市场结构是一个综合性的概念,其评价指标包括了多方面,如买者和卖者数量、产品差异性、厂商规模、市场集中度、进入壁垒等。这些变量对市场力量的影响非常复杂,不仅各自对市场力量都有影响,而且相互之间也存在千丝万缕的关联。由于数据无法获取,因而关于这些变量对市场力量的影响,只能采用定性分析。

首先,一个行业中的企业数量与企业的平均市场力量之间往往有一定的关系。一般而言,企业数量越少,意味着集中度越高,企业的平均规模越大,从而企业的平均市场力量也就越强。在中国食品工业中,某些行业的结构自改革开放以来发生了翻天覆地的变化。企业之间通过兼并重组,产能快速向生产效率高、管理效益好的企业集中。兼并重组后的大企业较之前分散的小企业而言,规模效益更加突出,对横向和纵向链条的整合度也更高,容易产生所谓的范围经济和规模经济。这些都有利于企业节约生产成本、控制产品价格,从而增加了企业的市场力量。

以烟草加工业为例,自 1999 年以来,中国烟草加工业实行了以"关小扶大"为主要战略的兼并重组政策,烟草加工企业和卷烟品牌数量快速下降。具有法人资格的卷烟工业企业从 2001 年的 143 家减少到 2011 年的 30 家,平均每家企业卷烟生产规模从 24 万箱增加到 161 万箱;卷烟品牌数从 2001 年的 1 049 个减少到 2004 年的 423 个,每年减少了近 210 个牌号(李保江、马超,2006;李保江,2012)。与此同时,烟企的市场力量整体上却在不断攀升,尤其是 2003 年之后,勒纳指数值从 0.1 快速上升到 2011 年的 0.7,见图 4.1。说明中国烟草加工企业的数量与市场力量之间存在明显的反向变化趋势,这一结果与此前的判断基本一致。在这些政策的影响下,烟企数量和品牌数量都有了大幅度的减少。

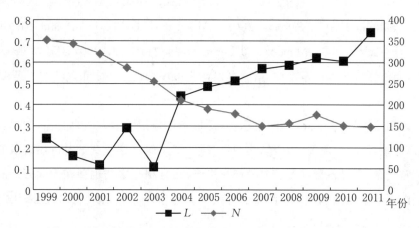

图 4.1　中国烟草加工企业数量与市场力量(勒纳指数)变化趋势

注:L 和 N 分别代表勒纳指数和企业数量,前者对应左轴,后者对应右轴;
资料来源:企业数量来自《中国工业经济统计年鉴》;勒纳指数值来自本章估测结果。

但是,严格意义上来说,这两者之间确切的因果关系远远没这么简单。在缺乏科学的理论方法的情况下,只能根据既有的数据,以及经验和逻辑推断企业数量的减少可能会带来市场力量的增加,而不能认为两者之间必然存在这样的关系。至少,市场力量的变化,还受其他很多因素的影响。

其次,产品差异化是市场力量的重要来源之一。张伯仑在其著作《垄断竞争理论》中指出，"只有当所有的生产者在完全相同的市场上生产和销售同质的产品时，对价格的控制才会完全消除。产品必须完全同类或者标准化，因为如果任何一个卖者的产品与其他卖者的产品略有差别，那么他就会对自己的产品价格拥有一定程度的控制力"。这种控制力就是市场力量。产品的差异越大，销售者所拥有的市场力量就越大。在极端的情况下，产品的差异性足够大，没有任何与之相近的替代品，消费者只能购买此产品，则此时该产品的生产者或销售者就拥有绝对的垄断力量。而只要存在相近的替代品，消费者会将部分消费量转移，因而这种绝对的垄断力量会被削弱。

产品差异化体现在多个方面，如产品的质量、成分、配方、包装、大小、形状、颜色、味道等。在食品工业中，这些都是影响产品价格和销量的重要因素，企业为了争夺市场份额，往往在这些方面大做文章。除了产品差异化外，张伯仑还指出，销售者的差异化也会影响其市场力量。销售者的差异化包括其个性、声誉、形象，企业或店铺的区位、格调等多方面，销售者在某些方面的优越性也会使得其拥有一定的市场力量。

然而，产品差异化很难用数字进行量化，因而无法进行定量分析。对此，Klette(1999)也认为，产品差异化和市场细分是市场力量的重要来源，但两者无法通过公式推导，而且难以用数据衡量。有学者用品牌数量替代差异化，但这只适合行业层级的时间序列数据分析，而且在中国食品工业中，品牌数量的数据难以获取。因此，这里仅从理论上对产品差异化与市场力量的关系进行探讨。

第三，市场集中度与市场力量之间存在紧密的联系。Ji 和 Chung(2010)通过对 NEIO 模型进行扩展，同时估测了美国牛肉加工业买方市场力量、卖方市场力量和成本效率，认为市场力量主要还是受集中度的影响，集中所带来的成本效率效应比市场力量所带来的效应更大。Cowling 和 Waterson(1976)的研究表明，价格—成本差额（市场力量）与集中度指标（H 指数或 CR4 指数）之间存在显著的正相关关系，认为集中度是市场力量的影响因素。Smirlock(1985)也认为较强的市场集中度是市场力量的重要来源。Lopez 等（2002）通过使用 NEIO 模型对 32 个美国食品行业进行实证研究后发现，随着市场集中度（赫芬达尔指数）的提高，26

个行业的寡占力量显著增强，占所有行业的 81%。而 Feinberg(1980)通过构建相关的指标和计量模型，并使用 1972 年美国 295 个四位数行业的数据进行实证估测，认为 CR4 与市场力量存在正相关的概念缺乏足够的支持。Shepherd(1972)也指出，尽管集中度与市场力量之间可能存在相关性，但并不能认为集中度必然是市场力量的决定因素。

集中度与市场力量之间究竟是否存在某种关联？根据经济学逻辑和现实经验，市场集中度越高，说明大企业对市场的控制力越强，理论上而言，这些集中度高的大企业一般较容易发挥其控制力量，即市场力量，以获取更多的利润。事实上，现实生活中不乏这样的例子，如中国的电信、银行、石油等产业，均具有这样的特点。但有两个问题需要注意，其一，大量的现象并不等于普遍的规律，在其他因素(如政府规制)的影响下，集中度高的产业不一定拥有很强的市场力量，如公共性较强的行业；其二，即便能找出集中度与市场力量的关系，也很难鉴别这种关系是否为因果关系，或者更进一步，两者谁是因？谁是果？市场集中度的提升可能会给企业带来更强的市场力量，但同时，市场力量的增加，可能又会反过来促进集中度的上升。

与集中度一样，企业的市场份额和规模与市场力量之间也存在类似的关系。通过 Stata 软件可计算出各变量与勒纳指数的 Pearson 相关系数矩阵。由于其他行业中企业的市场份额数据无法获取，此处仅以烟草加工业为例，见表 4.4。

表 4.4 中国烟草加工业勒纳指数、市场份额和总资产的相关系数矩阵

变　量	勒纳指数	市场份额	总资产
勒纳指数	1		
市场份额	0.602 8*	1	
总资产	0.508 0*	0.862 1*	1

注：(1) * 表明在 10% 的水平上显著；(2)总资产之所以没有纳入模型(4.3)中，主要原因在于它与市场力量之间可能存在双向因果关系，即总资产可能会存在显著的内生性问题。

从表 4.4 中可看出，中国烟草加企业市场份额和企业的规模(总资产)与市场力量之间存在显著正相关关系,两者与勒纳指数的相关系数分别为0.6和0.5。根据经济学逻辑和现实经验,一般企业的市场份额和规模越大,其对产品价格和成本的控制力就越强,相应地市场力量也就越大。因此,可以认为这两者是市场力量的重要影响因素。同时,也不能否认市场力量会反过来影响市场份额和企业规模。

4.5.2　生产技术

规模报酬和生产率等技术条件是影响企业市场力量的重要因素。规模报酬是指在其他条件不变的情况下,企业内部各种生产要素同比例变化时所带来的产量变化。规模报酬分析的是企业的生产规模变化与所引起的产量变化之间的关系,反映的是一个动态的效应,一般针对同一个产业;而生产率则是指产出与投入的比率,既包括全要素生产率(所有要素的平均产出率),又包括各要素单独的生产率,如劳动生产率指的是单位劳动的产出水平。生产率是一个静态概念,可以用来衡量不同企业或不同产业的技术水平差异。

规模报酬、生产率与企业的产出效益、生产成本以及市场绩效(市场占有率、盈利能力等)密切相关,影响着企业对市场(尤其是价格)的控制能力,即市场力量。但与市场结构和企业行为相比,规模报酬和生产率对市场力量的影响相对较为间接。Färe等(2012)发现市场力量与规模报酬之间存在密切联系,厂商的生产技术会通过影响市场结构(如竞争者数量)来间接地影响市场力量。此外,很多学者的研究表明,忽略规模报酬和生产率的影响而单独讨论市场力量,会带来一定的谬误。如 Hyde 和 Perloff(1996)就指出,Hall(1988,1990)提出市场力量估测方法的一个重要缺陷就在于必须假设规模报酬不变,这与现实不符。因此,Klette(1999)对 Hall 方法进行了改进,将规模报酬可变的因素考虑到模型中。除此之外,其他学者也认为市场力量与规模报酬和生产率之间存在一定联系(Shepherd,1972;Morrison,1990)。

值得注意的是,规模报酬和生产率与市场力量之间也可能存在双向因果关系,甚至三者之间两两都会相互影响。规模报酬在影响企业市场力量的同时,反过来也可能会受到市场力量的影响,比如市场力量较强的企业,其规模报酬率可能较高;同理,生产率与市场力量也可能存在相互影响的关系,而且往往是负向关系,即市场力量越强的企业,其生产率越低(Harrison, 1994; Nickell, 1996; Klette, 1999)。

如何衡量这三者之间的关系显得十分重要,它不仅是理论推导的核心基础,更是政策制定的重要参考,因此成为经济学研究的热点问题之一。然而,目前对于中国食品工业的规模报酬、生产率与市场力量之间关系的研究基本空白,本研究试图在这方面作初步探讨。

方法上,由于三者之间可能存在相互影响,因而很难用一般的计量模型合理地区分各自的因果关系。相对而言,协方差理论是一种次优的选择,协方差能同时反映两个变量之间相互影响的方向和大小。正的协方差代表两者之间存在正向关系,而负的协方差则代表两者之间存在负向关系。协方差绝对值的大小,则反映了两者之间相互影响的程度。至于两个变量的因果关系,只能在协方差的基础之上根据现实经验以及经济学逻辑去判断。

本研究采用 Klette(1999)构建的计量模型(模型推导详见第 5.5 节),对中国食品工业勒纳指数、规模报酬率和生产率的协方差进行了估计,结果见表 4.5。

表 4.5 各参数的协方差估计(摘自表 5.5)

行　　业	$\sigma_{a\mu}^2$	$\sigma_{a\eta}^2$	$\sigma_{\mu\eta}^2$	R^2
烟　草	-0.607^{***} (0.231)	-0.067^{***} (0.026)	0.635^{*} (0.248)	0.142
豆　油	0.008 (0.012)	-0.027^{**} (0.011)	-0.033^{**} (0.016)	0.109
花生油	0.001^{**} (0.010)	-0.002^{**} (0.014)	-0.168^{**} (0.011)	0.988
菜籽油	-0.021^{**} (0.009)	-0.020^{**} (0.008)	0.015^{*} (0.009)	0.326

续表

行　　业	$\sigma_{a\mu}^2$	$\sigma_{a\eta}^2$	$\sigma_{\mu\eta}^2$	R^2
甘蔗糖	-0.348^* (0.193)	0.026 (0.057)	-1.066^{***} (0.160)	0.967
甜菜糖	-0.144 (0.619)	0.196 (0.262)	-2.449^{***} (0.857)	0.982
大　米	-0.003^* (0.0014)	0.001 (0.001)	-0.023^{***} (0.002)	0.885
面　粉	-0.010^{***} (0.003)	-0.003^* (0.002)	-0.006 (0.004)	0.629
猪　肉	-0.003 (0.002)	-0.005^{***} (0.002)	-0.006^{***} (0.002)	0.709
牛　肉	0.001 (0.003)	-0.002 (0.003)	-0.013^{***} (0.004)	0.835

　　注:(1)括号内为异方差稳健标准差;(2)＊、＊＊和＊＊＊分别代表在10％、5％和1％的水平上显著;(3)$\sigma_{a\mu}^2$、$\sigma_{a\eta}^2$、$\sigma_{\mu\eta}^2$分别代表生产率与市场力量、生产率与规模报酬率、市场力量与规模报酬率的协方差。

　　从表4.5中结果可以看出,除豆油和花生油加工业外,其余行业的企业生产率与市场力量之间均存在显著的负向关系,见表中第二列。其中,烟草与甘蔗糖加工企业的$\sigma_{a\mu}^2$估计值最小,分别为-0.61和-0.35,表明在这两个行业中,企业的生产率与市场力量之间存在较大的负相关。这种负相关很有可能是相互的,即随着市场力量的增强,企业的生产率可能会下降;反过来,企业生产率的提升,也可能会降低其市场力量。生产率对市场力量的负向影响,可能的解释是随着企业生产率的提高,行业竞争会加剧,从而削弱了企业的市场力量。但客观上讲,市场力量对生产率的影响可能会更明显,即随着企业市场力量的提升,其通过控制价格来实现盈利的能力得到增强,从而改善生产率的激励会降低。

　　表4.5中第四列显示的是市场力量与规模报酬之间的协方差,大部分行业中这一参数值比较显著,而且多为负。在烟草和菜籽油加工业中,市场力量与规模报酬之间存在显著的正向关系,表明在这两个行业中,企业规模报酬率的增加,可

能导致其市场力量增强;反之,企业市场力量的增强,也可能会提高其规模报酬率。与烟草和菜籽油加工业相反,其他行业中企业的市场力量与规模报酬之间存在显著的负相关关系,尤其在甜菜糖和甘蔗糖加工业中,这一负值非常大,分别达到-2.45和-1.07,绝对值明显大于其他行业。这一估计结果表明,在这些行业中,企业规模报酬率的上升可能会削弱其市场力量,反之亦然。

从实证分析的结果来看,不论是生产率还是规模报酬,其与市场力量之间都存在显著的相关关系。虽然这些相关关系存在不确定性,包括符号和大小的不确定和因果关系的不确定,但至少我们可以根据估计出的参数值去推断生产率和规模报酬对企业市场力量形成可能存在的影响。当然,这种推断必须建立在现实经验和经济学逻辑的基础上,而不能盲目地认为必然会存在何种因果关系。更何况,所有的计量和统计分析工具只能证明变量之间的相关关系,而因果关系的判断必须主要依靠现实经验和经济学理论。

4.5.3　政府的其他行为

除了税收和补贴之外,政府的其他行为也可能会影响企业的市场力量,尽管这种影响主要是间接的,即政府通过对市场的干预来实现对企业的影响。为此,十八届三中全会强调,要处理好政府和市场的关系,使市场在资源配置中起决定性作用和更好发挥政府作用。其潜台词就是,当前中国政府过多地参与市场资源的分配,在某些领域,政府实际上一直充当着资源配置的主导者,这带来了一系列不良后果。因此,处理好政府和市场关系也就成了今后改革的重要任务和主要目标之一。影响企业市场力量的政府行为主要还包括两大方面。

其一,政府的行政垄断。1992年党的十四大召开,提出发展社会主义市场经济的目标。政府对经济的行政垄断逐渐弱化,民营资本迅速崛起。经过20多年的发展,整体的经济格局已经发生了翻天覆地的变化,国有经济主要集中在军工、航空、铁路、烟草、电力等掌握国家经济和军事命脉的行业。然而,不可否认的是,政府尤其是地方政府对经济的干预力度仍然很大,其中既有合理的宏观经济管理和调控手段,也有不合理的行政垄断。后者极大地强化了某些行业、某些企业的市场力量。

行政垄断的主体虽然是政府机关或其他拥有公共权力的事业单位,但行政垄断的效果往往与企业密不可分,使之成为某些企业市场力量的重要来源。根据《反垄断法》规定,行政机关和法律、法规授权的具有管理公共事务职能的组织的以下行为是滥用行政权力排除、限制竞争的行为:

第一,限定或者变相限定单位或者个人经营、购买、使用其指定的经营者提供的商品。第二,妨碍商品在地区之间的自由流通,例如:对外地商品设定歧视性收费项目,实行歧视性收费标准,或者规定歧视性价格;对外地商品规定与本地同类商品不同的技术要求、检验标准,或者对外地商品采取重复检验、重复认证等歧视性技术措施,限制外地商品进入本地市场;采取专门针对外地商品的行政许可,限制外地商品进入本地市场;设置关卡或者采取其他手段,阻碍外地商品进入或者本地商品运出。第三,以设定歧视性资质要求、评审标准或者不依法发布信息等方式,排斥或者限制外地经营者参加本地的招标投标活动。第四,采取与本地经营者不平等待遇等方式,排斥或者限制外地经营者在本地投资或者设立分支机构。第五,强制垄断。强制经营者从事垄断行为。第六,限制规定。行政机关滥用行政权力制定含有排除、限制竞争内容的规定。①

事实上,在中国烟草行业就存在较为严重的行政垄断,一些地方烟企为了争夺更大的市场份额,甚至以公司或政府的名义出台政策,限制外地卷烟在当地的销售。②这样的做法一方面极大地增强了当地烟企在本地的市场力量,另一方面容易导致资源配置效率低下。

其二,反不正当竞争与反垄断政策。不正当竞争现象在生活中非常普遍,其表现形式主要包括采取贿赂或变相贿赂等手段推销或采购商品、假冒名牌、以次充好、虚假宣传、掺杂使假、搭售商品、强买强卖、欺行霸市、侵犯商业秘密、倾销、串通投标等;根据《反垄断法》第 3 条规定,垄断的表现形式主要包括:垄断协议;

---

①　参照《中华人民共和国反垄断法》。

②　引自中国烟草在线,http://www.tobaccochina.com/news/data/20032/226084010.htm。

滥用市场支配地位;具有或者可能具有排除、限制竞争效果的经营者集中;滥用行政权力排除、限制竞争四类。

政府反不正当竞争政策有利于规范市场秩序,提高弱势企业的市场力量,削弱恶性竞争者的市场力量。不正当竞争在中国食品工业中非常普遍,如浙江省永嘉县工商局 2013 年 9 月公布的行政处罚结果中,就包括对好丽友等著名食品企业不正当竞争的处罚。①国家工商总局网站公布的山东济南某食品有限公司擅自使用与"洽洽"牌香瓜子近似的包装装潢生产、销售瓜子案②,以及近两年闹得沸沸扬扬的凉茶品牌加多宝与王老吉之争等都是食品工业不正当竞争的典型。

而反垄断政策则主要起到削弱企业市场力量的作用。中国反垄断实践起步较晚,《反垄断法》直到 2008 年才开始实施。但近年来,有关部门查处了一系列反垄断案件,如 2013 年 7 月,合生元、美赞臣、多美滋、雅培、富仕兰、恒天然 6 家洋奶粉企业因违反中国《反垄断法》,被国家发改委开出 6.7 亿元的天价罚单。随后,这些奶粉企业(也包括其他相关企业)对其产品价格进行调整,降价幅度从 5% 到 20% 不等。显然,反垄断政策对企业的价格起到了很好的规范作用,明显地降低了这类垄断性极强的企业的市场力量。

此外,政府的管制、采购、投资和宏观调控等政策,也或多或少地会影响某些企业的市场力量。但就中国食品工业而言,这些政策并非主要影响因素,故不作过多讨论。

4.6 小结

从国外已有的文献来看,目前学术界关于市场力量形成的研究非常欠缺,一

---

① 引自浙江永嘉县工商局网站,http://60.190.68.201:7001/xxgk/jcms_files/jcms1/web42/site/art/2013/10/14/art_1945_105024.html。

② 引自国家工商总局网站,http://www.saic.gov.cn/fldyfbzdjz/dxal/200909/t20090924_71118.html。

是研究方法上主要采用简单的统计分析或定性分析,缺乏实证的计量分析;二是研究的面很窄,大多只讨论市场结构的某些变量(如市场集中度、市场份额)以及生产技术变量(生产率和规模报酬)等对市场力量的影响,而对于影响市场力量最重要的企业行为变量却鲜有涉及;三是研究的结论比较模糊,比如同样是分析市场集中度对市场力量的影响,不同学者却得出完全相反的结论(见第4.1节);四是数据大多采用行业加总的时间序列数据,难以有效揭示企业个体差异。而国内在这方面的研究完全空白。

本章从多个角度对市场力量形成的影响因素进行探讨,一方面建立双对数计量模型,将可以量化且可能会影响企业市场力量的外生变量作为解释变量来解释企业市场力量,这些外生变量既涉及企业行为变量,又包括政府政策变量。模型估计结果表明,广告、研发、职工培训、长期投资和税收等变量对市场力量的影响在不同行业中存在较大差异,既有正向影响,又有负向影响;而补贴、存货和国有控股对所有行业中企业的市场力量基本上都产生负向影响。

另一方面,对于其他可能会影响企业市场力量,但由于数据无法获取或存在内生性的变量,本章则采用描述性统计分析和定性分析,如市场结构变量和政府的其他行为。此外,对影响市场力量形成的生产技术变量(生产率和规模报酬),本章则直接摘取第5.5节的部分实证结果,并结合现实经验和经济学逻辑进行综合判断。

市场力量的形成机理非常复杂,其中很多影响因素无法进行量化,因而这方面的实证研究十分稀少。本章在研究视角和研究方法上有一定突破,首次通过计量模型来综合地分析企业市场力量的形成。此外,本章所使用的数据为企业层级的面板数据,相对于大部分相关研究所使用的行业加总的时间序列数据而言,企业面板数据样本量较大,包含的信息量更多,能够更加全面地反映不同个体的差异。

当然,本章的模型也存在明显的缺陷,主要问题是遗漏了一些重要的解释变量,导致模型的拟合效果较差。好在模型的目的不在于进行预测,而主要是为了分析各解释变量对市场力量的影响方向和大小,因此模型的估计结果仍可用于相关的分析和推断。尽管问题较多,但本章在市场力量形成的实证研究方面的确迈出了第一步,希望今后在这一领域会出现越来越多优秀的研究成果。

第 5 章

中国食品工业市场力量的影响

在竞争与垄断之间,消费者大多偏好竞争性较强的市场,因为可以以较低的价格购买到较好的商品和服务;而企业却不喜欢竞争,竞争越激烈,企业获利的难度就越大。于是,就出现了一个矛盾:究竟应该偏向于竞争,还是偏向于垄断?这成为困扰经济学家的一大难题,或者说是一个经济伦理问题。

从既有研究来看,多数学者对垄断持否定态度,认为过分的垄断会严重影响消费者以及原材料供给者的福利水平,还会导致资源配置效率低下、社会不公等一系列问题。如 Shepherd(1972)就曾指出,不管市场力量的起点是否值得称道,它发展到后期确实带来了很多负面效应,如导致产量受限、物价上涨、技术进步受阻以及分配不均等。以诺贝尔经济学奖得主阿罗为代表的学者认为,市场力量是阻碍技术创新的重要原因之一,市场力量会减小企业技术创新的压力和动力,因为企业可以凭借其市场力量较容易地获取超额利润(Arrow, 1962; Nickell, 1996; Boldrin and Levine, 2008; Correa and Ornaghi, 2014)。反过来,竞争的压力会促使企业节约成本,采用高效的生产技术,从而促进技术创新(Blundell et al., 1999; Correa, 2012)。因此,对市场力量的规范和约束就显得十分必要,这为反垄断政策提供了有力支持(Hashmi, 2013)。

当然,也有人认为垄断在某些方面是有优势的,比如垄断有利于实现规模报酬效益,促进技术创新和生产率的提高。Schumpeter(1942)曾经提出过一个著名的假说——市场力量有利于促进企业创新。此观点得到了很多学者的支持,他们从各个角度对熊彼特的创新假说进行了讨论,认为市场力量较强的企业往往拥有相对雄厚的资金和先进的设备,具备较强的风险承受能力,更容易吸引优秀的人才(Scherer，1980；Nord and Tucker，1987；Cohen and Levin，1989；Hitt et al.，1990；Chandy and Tellis，2000)。在全球化竞争日趋激烈的当今社会中，创新是一个企业乃至国家的核心竞争力，这样的反对声音无疑给反垄断实践带来了巨大挑战(Bauer，1997；Gilbert and Katz，2001)。有学者甚至指出，市场力量是人们享受快速发展的科技所必须付出的代价(Nelson and Winter，1985)。

此外，市场力量在短期和长期所产生的影响不同，影响的机制也存在差异。从短期来看，市场力量的增强会提升企业对价格的控制能力，从而有可能导致纵向关联市场间的价格传递出现不对称性(王秀清等，2007)；此外，市场力量在短期往往还会带来资源配置效率损失(Harberger，1954)，并影响企业的成本效率(X效率)和利润效率(Hicks，1935；Leibenstein，1966；Berger and Mester，1997；Rogers，1998；Maudos et al.，2002)。而从长期来看，市场力量则主要对企业的规模报酬、生产率以及技术效率产生影响(Shepherd，1972；Morrison，1990；Klette，1999；Färe et al.，2012)。

本章从逻辑上将市场力量的影响分为短期和长期两大类，前者涉及价格传递、资源配置效率、X效率、利润效率，后者则主要包括规模报酬、生产率以及技术效率。通过采用前沿方法和企业层级的面板数据，对市场力量的影响进行深入分析。

5.1　市场力量对价格传递的影响

纵向关联市场间的价格传递往往表现出一定的非对称性，主要包括两种情形：一是产业链上下游价格之间的传递速度与幅度不对称，即当上(下)游价格发生变化时，下(上)游价格并没有同时间或同幅度的变化；二是下(上)游价格对上(下)游价格上涨和下跌的反应不对称，当上(下)游价格的上涨比下跌更能全面或快速地传递给下(上)游价格时，即为"正"的非对称价格传递，反之则为"负"的非对称价格传递。

古典经济学理论将完全竞争视为普遍现象,而把垄断当作极少数例外情形。在完全竞争的假设条件下,产业链上下游之间的价格传递是对称的,不同环节之间的价格差只取决于储运、加工、劳动等中间成本(McCorriston et al.,1998;Lloyd et al.,2006)。随着垄断竞争理论的提出和盛行,越来越多的学者开始质疑竞争理论下的对称性价格传递。根据垄断竞争理论,各市场参与者或多或少都拥有一定程度的市场力量,除非各环节参与者的市场力量能够完全抵消,否则,价格传递就一定会出现非对称。

然而,即便在新古典主义大行其道的今天,非对称价格传递依然被视作偶然现象而排除在标准经济学的理论体系之外。随着越来越多的学者开始对非对称价格传递问题进行实证分析,"偶然现象"的说法不断受到质疑,这在食品工业尤为明显。如 Kinnucan 和 Forker(1987)对美国乳制品产业价格传递问题的研究表明,上游原料奶价格的上升会引起下游乳制品零售价格更加迅速且彻底的上涨,反之,乳制品零售价格的下跌速度与幅度都会小于原料奶的下跌,这即是典型的非对称价格传递。除此之外,在美国猪肉产业(Hahn,1990)、英国石油业(Bacon,1991)、美国银行业(Hannan and Berger,1991;Neumark and Sharpe;1992;Jackson,1997)、德国鸡肉产业(Appel,1992)、全球小麦市场(Mohanty et al.,1995)、德国猪肉产业(v. Cramon,1998)、新西兰信贷业(Frost and Bowden,1999)、加纳玉米产业(Abdulai,2000)、瑞士猪肉产业(Abdulai,2002)、英国牛肉产业(Lloyd et al.,2006)、美国草莓产业(Acharya et al.,2011)等不同国家的不同产业中都存在非对称价格传递现象(详见附表5)。

对此,Peltzman(2000)在对美国 282 种产品(其中包括 120 种农产品和食品)的价格问题进行研究后,更是一针见血地指出,非对称价格传递是一种普遍存在的规律,而标准经济学中的市场理论将其视作偶然现象是错误的。食品产业价格传递的非对称性有两个主要弊端,一是影响农民收入和消费者福利(McCorriston et al.,1998);二是导致产业链上各环节福利分配不公,甚至会增加社会矛盾,影响社会和谐。因此,对于这一问题的研究具有十分重要的政策意义(Meyer and

Cramon-Taubadel,2004)。

作为世界上最大的食品生产和消费大国,中国的食品产业是否也存在非对称价格传递现象?事实上,现实生活中人们(尤其是农业生产者和食品消费者)常常感觉到食品价格上涨的幅度要明显大于农产品价格的上涨幅度,即存在所谓的农产品价格放大效应(柯炳生,1991;辛贤、谭向勇,2000);而当农产品价格大幅下跌时,食品却没有相应幅度的降价。

这一现象在其他研究中也得到证实,如胡华平和李崇光(2010)指出,中国蔬菜产品、肉类产品和水产品供应链具有显著的正的非对称价格传递特征,价格上涨比下降的传递更为迅速和充分;张利庠和张喜才(2011)的研究表明,外部冲击对上游初级农产品价格的影响较大,且会在短期内出现较为强烈的反应,而对下游价格的影响则相对较小。因此可以认为,纵向关联市场间的非对称价格传递是一个世界性的普遍规律,尤其在食品产业中最为突出。

由于数据获取问题,本章仅以猪肉价格为例进行分析。肉类食品是中国绝大部分老百姓日常消费的必需品,而猪肉的产量和消费量在肉类食品中都是最大的,同时,猪肉价格的波动在所有肉类食品中也是最频繁、幅度最大的。[①]因此,研究猪肉产业的价格传递问题意义十分重大。而从已有的文献来看,与其他产业类似,中国猪肉产业也存在明显的非对称价格传递现象(郭利京等,2010;杨朝英、徐学英,2011;陈晨,2012;等等)。

猪肉产业还有一个重要特点,即突发性疫病和人为的食品安全事件对相关产品价格的影响非常大,主要包括猪病(如"蓝耳病""猪流感""猪瘟")和人为的质量安全事件(如"瘦肉精"事件)。张喜才等(2012)探讨了外部冲击(生猪疫病)对猪肉价格波动的影响,但由于并没有引入具体的冲击变量,而是通过对活猪、猪肉、猪饲料及仔猪四类价格进行脉冲响应分析来解释疫病冲击的影响。这样的处理方法虽有一定道理,但难以较全面地衡量疫病冲击的作用。

---

① 2011 年中国城镇居民人均猪肉消费量为 20.6 千克,是牛羊肉的 5 倍多,是禽类的 2 倍;同年农村居民人均猪肉消费量为 14.4 千克,分别是牛肉、羊肉和禽类消费量的 14.7 倍、15.7 倍和 3.2 倍,由此可见猪肉在人们(尤其是农村居民)日常生活中的重要性(资料来源:《中国统计年鉴(2012)》)。

究竟是什么原因导致价格传递出现不对称的呢？大量研究表明，引起这一问题的主要因素是市场力量，基本的逻辑思路是：当农产品价格上涨时，中间商或食品加工企业可以通过发挥其所拥有的市场力量，促使食品价格更快、更大幅度地上涨；反之，当农产品价格下跌时，中间商或加工企业又可以借助市场力量让食品价格下跌速度更慢、幅度更小，即所谓的正的非对称价格传递（Kinnucan and Forker，1987；McCorriston et al.，1998；Miller and Hayenga，2001；McCorriston，2002；Lloyd et al.，2003；Bunte and Peerlings，2003；Lloyd et al.，2006；Saha and Mitura，2008；Acharya et al.，2012）。

如果中间商或企业害怕市场份额下降而不愿提高食品价格，则市场力量也可能会导致负的非对称价格传递（Ward，1982）。负的非对称价格传递一般存在于产品市场结构分散、竞争激烈，而原材料市场结构集中、竞争温和的产业链中。也有学者认为市场力量究竟会导致正的还是负的非对称价格传递，取决于需求曲线的凹凸形状（Bailey and Brorsen，1989）。但不管怎样，市场力量是影响非对称价格传递的重要因素已经成为国外很多学者的共识。

然而，这一结论是否适合中国食品产业的实际情况呢？与西方发达国家相比，中国的市场经济发育程度、食品产业结构特征、农产品和食品生产者的行为习惯以及消费者的偏好等都存在较大差异，如果简单套用国外学者的结论显然不具有说服力。但从国内已有的文献来看，目前这方面的实证研究几乎空白，仅有学者提出过相关的理论探讨（王秀清等，2007；郑少华、赵少钦，2011）。因此，不能贸然地下结论，认为在中国食品产业中，市场力量与不对称价格传递有或者没有关系。

总而言之，从研究问题来看，国内的实证研究大多只对非对称价格传递这一现象进行了验证，而没有分析这一现象背后的原因，尤其忽略了在外生冲击影响下，非对称价格传递与市场力量的关系问题。因此，本研究拟填补国内研究在这方面的空白，分析当外生冲击（猪病和"瘦肉精"事件）发生时，中国猪肉产业价格传递是否存在非对称性，以及市场力量在其中是否起到显著作用。这对于中国食品尤其是猪肉产业价格管理政策具有非常重要的意义。

5.1.1 文献回顾

虽然关于价格传递的文献层出不穷,但由于价格问题的复杂性,学者们在如何构建理论模型以及如何选择计量方法上存在较大分歧。综合来看,分析价格传递的模型和方法大致可分成两大类。

1. 注重经济学基础的理论模型

这类模型大多从经济学(主要是微观经济学和产业组织理论)的有关原理出发,推导出产业链各环节价格的传导机制及影响因素。

Gardner(1975)最早在这方面做了尝试,他以均衡移动模型为基础,构建了三个不同的价格传递方程,分别分析了食品需求、农产品供给和营销投入供给变动对"农产品收购—食品零售"两大环节价格传递的影响。由于假设市场是完全竞争的,Gardner 模型的可靠性备受质疑。基于此,Holloway(1991)放松了食品零售环节完全竞争的假设,研究了存在卖方寡占力量时,产业链不同环节之间的价格传递问题。考虑到生产技术可能会影响企业的生产经营成本,进而影响农产品和食品的价格,因此 McCorriston 等(1998)进一步分析了在外生冲击影响下,市场力量和行业加工技术(尤其是两者的相互作用)对价格传递的影响,以农产品和营销投入品占总成本的份额以及两者的替代弹性来衡量加工技术。

早期的价格传递模型都隐含一个假定,即规模报酬不变。然而,在绝大多数产业中,这样的假定并不符合实际情况,因而模型的精确性受到较大影响。为了克服这一缺陷,McCorriston 等(2001)放松了规模报酬不变的假设,同时分析了卖方寡占力量和规模经济对价格传递的影响。

随着产业组织理论的不断发展,越来越多的学者开始关注产业链上游的买方市场力量。此前对价格传递的研究主要集中于下游的产品市场,而假设上游要素市场是完全竞争的,这样的处理方法可以简化推导过程,但却难以保证模型的解释力。为此,Weldegebriel(2004)解除了农产品收购环节完全竞争的假设,综合研究了买方寡占力量和卖方寡占力量对农产品价格传递的影响。但由于Weldegebriel的模型隐含着规模报酬不变的假设,因而不能合理解释规模经济对价格传递的影响。

王秀清等(2007)突破已有的研究成果,将卖方寡占力量、买方寡占力量和规模报酬可变同时考虑进来,分别推导出供给和需求两类不同冲击下的价格传递公式。其研究结果表明,寡占力量和规模报酬对价格传递的影响非常复杂,一方面取决于农产品供给函数和食品需求函数的具体形式,另一方面还取决于外生冲击作用下两个环节寡占力量的相对变化幅度。

总体来看,这类理论模型在检验价格传递是否对称的同时,也能用于分析非对称价格传递的影响因素,如市场力量、外生冲击、规模报酬等。在不断改进的过程中,一些较为严格的假设条件逐渐被摒弃,模型的解释力日益增强。但随之而来的问题是,模型的结构日趋复杂化,待估计参数越来越多,不易用数据进行计量回归,因而以理论探讨或者模拟分析居多。

2. 侧重于计量经济学技巧的时间序列模型

这类模型不强调经济学理论基础,而是根据直观的价格关系,以大样本的时间序列数据和复杂的计量方法来验证价格传递是否对称。与前述的理论模型不同,这类时间序列模型侧重于检验价格传递的对称性。

第一,在协整理论提出以前,主要以简单的线性或者差分方程对价格传递问题进行回归分析。Farrell(1952)提出的不可逆需求函数,可以被视作价格传递模型的雏形。作者以烟草、啤酒、葡萄酒和白酒为例,研究了在收入增加、价格下降和收入下降、价格上涨这两种不同的情形下,烟草、啤酒和白酒的消费变化是否对称。由于选用产品需求作为因变量,因而严格来讲,该模型并非真正意义的价格传递模型,只是具备了非对称价格传递的某些特征。在此基础上,Tweeten 和Quance(1969)提出了不可逆供给函数,作者将投入品价格以虚拟变量的形式设为解释变量,对产出进行计量回归。相对于 Farrell(1952)的模型,Tweeten 和 Quance(1969)尽管也以产出作为被解释变量,但其考虑到了投入与产出价格的关系,因而更贴近价格传递的含义。

Wolffram(1971)进一步对模型进行了改进,将投入品价格的滞后项通过一阶差分的形式加入解释变量中,并引入一个虚拟变量作为该差分项的系数。与Tweeten 和 Quance 的模型相比,Wolffram 的方法考虑到了价格的累积效应,而前者仅分析了前后两期的影响。随后,Houck(1977)又将投入品价格的初始值从解释变量中剔除,因为在考虑一阶差分效应时,投入品价格的初始值不具有解释力。由于该模型的解释变量中包含时间趋势项,以及价格的正反两个方向的变化和累积效应,因而该模型在动态价格传递分析方面更为合理。Young(1980)在 Houck(1977)的基础上,分析了投入—产出价格比偏离最大值或最小值时对需求的影响。

然而,这类模型仅仅考虑到投入品与产出价格之间的内生影响,事实上,任何产品的价格往往还受其他外生因素的影响,比如替代品价格等。此外,从 Farrell(1952)最早提出的不可逆需求函数,一直到 Young(1980)改进后的模型,重心都侧重于以价格来解释需求、供给或产出量,对于不同环节之间价格的相互传递关注较少。基于此,Ward(1982)在 Houck(1977)的基础上,将外生变量的滞后项加入解释变量中,同时,又将被解释变量替换为产出(零售)价格,成为第一个真正意义上的价格传递模型。Boyd 和 Brorsen(1988)开创性地以这一模型对价格传递的强度和速度进行了区分。此后,Schertz Willett 等(1997)、Peltzman(2000)及Aguiar 和 Santana(2002)等也使用这一模型进行了相关的实证研究。

对 Houck 模型的改进还体现在 Kinnucan 和 Forker(1987)和 Karrenbrock(1991)的研究中,前者在模型中引入了营销成本这一解释变量,实证分析了美国乳制品产业的价格传递问题;后者则研究了不同环节价格差分之后的关系,以零售价格的一阶差分作为被解释变量,以批发价格的一阶差分作为解释变量。Karrenbrock 在设置解释变量时有一个技巧,即根据各期批发价格相对于前期涨跌的不同而分成两类,这样可以通过估测两类不同变量的系数,来判断各自对零售价格变化的影响。这样,模型就完全转化成一个动态的价格传递模型,可以消除大部分时间序列数据中存在的不平稳性,但同时,其经济含义有可能会减弱。

第二，建立在协整理论基础上的价格传递模型。由于时间序列数据大都存在非平稳性，早期的计量模型一般采用差分的方法消除序列的非平稳趋势。但这样的处理方法有可能会使得差分后的序列失去了原有的经济含义，并导致模型的解释力大大下降。1987 年，Engle 和 Granger 提出了协整理论及相关的检验方法，较好地克服了这一缺点，因而被广泛应用于分析非对称价格传递问题。Manning（1991）运用误差修正模型研究了英国零售价格、消费税和原油价格之间的关系，被认为是以协整理论研究价格传递问题的开创者（Frey and Manera，2005）。该模型不仅可以通过等式右边的差分项分析解释变量（消费税和原油价格）的短期波动对被解释变量（零售价格）的影响，还能通过误差修正项估测出当解释变量的短期波动偏离长期均衡时，系统将如何进行调整。

V.Cramon-Taubadel 和 Fahlbusch（1994）将 Manning 模型中的误差修正项分解成正、负两类，从而能够较为清晰地观察不同类型的残差是如何影响价格之间的长期均衡关系的。V.Cramon-Taubadel 和 Loy（1996）进一步将投入品（上游环节）价格分解为正、负两类，作为不同的变量置入模型，可以更加具体地分析不同方向的投入品价格变动会对产出价格的变动产生什么样的影响。此后，误差修正模型（或其简单变形）被广泛应用于分析价格传递问题（Scholnick，1996；Borenstein et al.，1997；Balke et al.，1998；V.Cramon-Taubadel，1998；Frost and Bowden，1999）。

在现实生活中，很多经济变量并非单向地发挥作用，而往往相互影响、共同促进整个经济系统运行。同时，时间序列变量一般都存在自身以及交叉的跨期效应，即内生变量的当期观测值会同时受到该变量自身及其他内生变量往期值的影响。这些方面的效应是传统单方程模型，甚至包括联立方程组模型都难以有效揭示的。直到 1980 年，Sims 提出了向量自回归（VAR）模型，才使这个问题得到合理解决。因此，大量学者尝试运用 VAR 模型对价格传递问题进行研究，虽然在变量的选取或具体的函数形式方面存在一些差异，但主要的思路都是在 VAR 模型框架下展开的（Babula and Bessler，1990；Capps，1993；Willett et al.，1997；Kim et al.，2000；Miller and Hayenga，2001；Shepherd，2004；Zhou and Buongiorno，

2005；Radchenko，2005a；Lloyd et al.，2006）。

在 VAR 模型的基础上，Engle 和 Granger 将协整理论与误差修正模型进行结合，提出了向量误差修正（VEC）模型。VEC 模型利用一阶差分基本上能够消除变量可能存在的趋势，一定程度上避免了"伪回归"问题，同时，误差修正项又保留了变量水平值的重要信息，因而被一些学者用来分析价格传递问题（Kirchgassner and Kubler，1992；Gomez and Koerner，2002；Chavas and Mehta，2004；Lloyd et al.，2006；Čechura and Šobrová，2008）。

国内相关的实证研究大都属于这一类，即运用 VAR 或 VEC 模型，侧重从时间序列数据的统计关系角度去分析纵向关联市场间的价格传递（胡平华、李崇光，2010；郭利京等，2010；杨朝英、徐学英，2011；张利庠、张喜才，2011；张喜才等，2012）。

总体而言，这类偏向于计量理论和技巧的模型在实证分析方面具有较强的优势，能够克服纯理论模型难以用数据进行回归的缺陷。同时，这类计量模型在不断发展中逐步完善，模型的可靠性日益增强。最大的不足在于理论基础的缺乏，尤其当变量之间的因果关系不太明确的时候，得出的结论容易受到质疑。

理论与计量两类不同模型各有优势和劣势，如果能将两者进行有机结合，或许能为价格传递问题的研究提供一个新的思路。这方面，Lloyd 等（2006）迈出了第一步。他们首先根据相关理论推导出一个价格传递的理论模型，然后应用 VAR 和 VEC 模型实证分析了在疯牛病冲击下，英国牛肉产业的价格传递问题。这种处理方式一方面克服了理论基础不足的缺陷，另一方面又有效利用了现代计量手段，是分析价格传递问题的一种新思路。只是，模型中某些变量的数据较难获取，这也是日后需要完善的地方。

5.1.2　模型构建与数据说明

1. 理论模型

在这部分中，本研究借鉴 Lloyd 等（2006）的思路和方法，根据需求理论、生产

理论等经济学原理,构建猪肉价格传递模型。首先,假设猪肉零售环节的需求函数为:

$$Q = h(R, R^s, X) \tag{5.1.1}$$

其中,R 为猪肉零售价格,R^s 为替代品(牛肉、羊肉和鸡肉)零售价格,X 代表需求冲击。其次,假设上游生猪(原材料)供给的反函数如下:

$$P = k(A, N) \tag{5.1.2}$$

其中,A 和 N 分别代表原材料投入量和供给冲击。则代表性企业利润最大化条件可化为:

$$\pi_i = R(Q)Q_i - P(A)A_i - C_i(Q_i) \tag{5.1.3}$$

其中,C_i 代表除原材料之外的其他所有营销成本和损耗,假设生产函数为固定投入—产出比例函数,即 $Q_i = A_i/a$,a 为投入—产出系数,假设其等于 1。同时,假设生产函数存在规模报酬不变的特性。[①]

为了使模型更加简化,假设方程(5.1.1)和(5.1.2)均为线性函数[②]:

$$Q = h - bR + eR^s + cX \tag{5.1.4}$$

$$P = k + gS \tag{5.1.5}$$

其中,$S = Q + N$,N 为供给冲击,即猪肉和生猪的净出口量。因而,行业利润最大化的一阶条件可转化为:

$$R - \frac{\theta}{b}Q = M + P + \mu gQ \tag{5.1.6}$$

其中,$\theta = \left[\sum_i (\partial Q/\partial Q_i)(Q_i/Q)\right]/n$ 为行业平均的产出猜测弹性,n 为行业

---

① 对于规模报酬是否会影响价格传递,Lloyd 等(2006)通过推导发现,规模报酬不会影响供求冲击对价格传递的影响方向,只会通过市场力量影响价格传递的强度。而放松规模报酬不变的假设会使得模型非常复杂,并且个别变量无法从现实中获得数据。因此,本研究假设中国猪肉产业存在规模报酬不变的特性。

② 根据 Lloyd 等(2006),具体的生产函数或供需函数形式只影响市场力量的精确性,而不影响市场力量的存在与否,本研究的目的也不在于精确地估测出市场力量的影响大小,而在于检验市场力量是否对价格传递的不对称性产生影响。因此,为了避免推导过程过于复杂,本研究在遵循经济学原理的基础上,尽可能让模型更加简化。

的企业数量, $\mu = \left[\sum_i (\partial Q/\partial Q_i)(Q_i/Q)\right]/n$。根据 Genesove 和 Mullin(1998),猜测弹性可以作为市场力量的一个衡量指标, $\theta = \mu = 0$ 代表完全竞争, $\theta = \mu = 1$ 则代表合谋行为。M 为影响价格传递的其他成本,由于食品安全事件的发生会带来某些成本的变化,因此,假设其他成本的函数为:

$$M = y + zE + G \tag{5.1.7}$$

其中,y 为常数项,zE 为除原材料之外的其他营销成本,如工资、运输、包装等,G 代表来自政府部门的监管成本。

根据式(5.1.3)、(5.1.4)、(5.1.6)和(5.1.7),可得到如下方程(为了便利,省略常数项 k 和 y):

$$Q = \frac{h + eR^s + cX - bzE - bG - bgN}{(1+\theta) + bg(1+\mu)} \tag{5.1.8}$$

$$R = \frac{h + [(1+\theta) + bg(1+\mu)][(1-b)(G+gN) + (1-bz)E + eR^s + cX]}{(1+\theta) + bg(1+\mu)} \tag{5.1.9}$$

$$P = \frac{g[h + eR^s + cX - bzE - bgG] - g[b - ((1+\theta) + bg(1+\mu))N]}{(1+\theta) + bg(1+\mu)} \tag{5.1.10}$$

由式(5.1.9)−(5.1.10)可得到价格传递的方程:

$$R - P = \frac{h(\theta/b + g\mu) + (1+bg)(zE+G) + (\theta/b + g\mu)(eR^s + cX) - (\theta + bg\mu)(gN)}{(1+\theta) + bg(1+\mu)} \tag{5.1.11}$$

如果市场力量(包括买方和卖方市场力量)对价格传递不产生影响,则有 $\theta = \mu = 0$,于是,方程(5.1.11)可以简化为:

$$R - P = zE + G \tag{5.1.12}$$

方程(5.1.12)表明,如果原材料市场和产品市场均为完全竞争,则零售与生产两大环节的价格传递只受营销成本和政府监管成本的影响。而且,各种类型的冲击均不影响价格传递,这并不意味着各类冲击不会引起猪肉相关产品的价格发生波动,而是由于在完全竞争的产业中,零售与生产环节价格对供求冲击的响应程度是一致的,因而两者的差额依然能够保持不变。换言之,在不完全竞争的产业中,任何一方通过其市场力量对价格进行操控,都会造成供求冲击对两个不同环节价格影响的不对称。因此,在对方程(5.1.11)进行计量回归的基础上,可以通过观察供求冲击 N 和 X 两个变量的系数是否显著,来判断市场力量是否在发挥影响。

2. 计量模型

大量研究表明,VAR 模型在分析时间序列数据方面具有一定的优势,不仅可以避免传统方法因数据不平稳而产生的"伪回归"问题,而且还能较好地拟合变量之间动态关系。本研究构建的 VAR(p)为:

$$X_t = \boldsymbol{\Phi}_1 X_{t-1} + \boldsymbol{\Phi}_2 X_{t-2} + \cdots + \boldsymbol{\Phi}_p X_{t-p} + \boldsymbol{\Psi} w_t + \boldsymbol{\epsilon}_t \qquad t = 1, 2, \cdots, T$$

$$(5.1.13)$$

其中, X_t 为 $k \times 1$ 维内生变量,本研究中为猪肉及其替代品的价格, w_t 为 $d \times 1$ 维外生变量,即猪肉的供给和需求冲击, p 为滞后阶数, T 为样本量。待估计系数分别为 $k \times k$ 维矩阵 $\boldsymbol{\Phi}_1$, $\cdots$, $\boldsymbol{\Phi}_p$ 和 $k \times d$ 维矩阵 $\boldsymbol{\Psi}$。 $\boldsymbol{\epsilon}_t$ 为 $k \times 1$ 维扰动向量,相互之间可以同期相关,但不能与自己的滞后值相关, $\boldsymbol{\epsilon}_t$ 的协方差矩阵 $\boldsymbol{\Sigma}$ 为 $k \times k$ 维正定矩阵。

当时间序列数据非平稳时,VEC 模型更能得到有效的估计和检验结果(Lloyd et al., 2006),从而,可以将模型(5.1.13)转换为:

$$\Delta X_t = \boldsymbol{\alpha}\boldsymbol{\beta}' X_{t-p} + \sum_{i=1}^{p-1} \Gamma_i \Delta X_{t-i} + \boldsymbol{\Psi} w_t + \boldsymbol{\epsilon}_t \qquad t = 1, 2, \cdots, T \quad (5.1.14)$$

其中, $r \times k$ 维向量 $\boldsymbol{\beta}'$ 代表内生变量之间的协整关系,即猪肉零售与生产价格、替代品零售价格之间的长期均衡关系,它决定了协整关系的个数与形式; $k \times r$ 维向量 $\boldsymbol{\alpha}$ 为误差修正系数,代表的是当价格之间的均衡关系偏离长期均衡状态时,将其调整到均衡状态的速度(高铁梅,2005)。

在分析了变量之间的协整关系之后,本研究采用广义脉冲响应函数进一步估测,当发生食品安全事件时,供给和需求的冲击是如何影响猪肉价格及其传递的。同时,这一方法还能检验市场力量是否会影响猪肉价格在生产和零售环节的不对称传递。

3. 数据说明

本研究所使用的数据均为月度时间序列数据,样本期间从 2001 年 1 月至 2010 年 12 月,共 120 个月。RP_t、RB_t、RL_t、RC_t 分别代表猪肉、牛肉、羊肉和鸡肉的零售价格,后三者为猪肉的替代品价格;PP_t 为生猪收购价格。所有价格数据均来自《中国畜牧业年鉴》。L_t 为制造业城镇单位从业人员月平均工资,由于我国有关部门只公布季度工资水平,因而 L_t 是根据季度工资换算而来的,精确度较差。工资数据来自国家统计局数据库以及《中国劳动统计年鉴》。NW_t 为猪肉净出口(出口-进口)量,代表猪肉的供给冲击。当供求关系严重失衡,或者发生大的食品安全事件时,净出口量往往会出现相应的变化。而猪肉进出口量的变化又必然会对国内猪肉的供给带来一定的影响。因此,以猪肉净出口量作为供给冲击的替代变量是一个较好的选择。猪肉进出口的数据来自农业部贸易促进中心。$EX1_t$、$EX2_t$、$EX3_t$ 和 $EX4_t$ 分别代表蓝耳病、猪流感、猪瘟及瘦肉精事件等冲击变量的媒体曝光指数。数据的搜集方法是在百度新闻搜索中输入"蓝耳病""猪流感"(或"H1N1""甲流")及"猪瘟""瘦肉精"等关键词,分别按月进行搜索,统计出每月相关新闻报道的数量,经自然对数变换后引入计量模型,本研究姑且称之为媒体曝光指数。

在实证研究中,这些冲击变量很难进行量化,由于冲击的时间跨度无法精确评估,因此虚拟变量的方法也不见得是最有效的。本研究选择各类事件的新闻报道数量作为这些冲击的替代变量。从需求的角度来讲,新闻报道是普通消费者信息获取的最主要来源,食品安全事件的负面报道会打击老百姓的消费信心,影响其对猪肉的消费量;从供给的角度来看,以蓝耳病为代表的生猪疫病暴发时,相关的新闻报道铺天盖地,而随着疫情的逐步减轻,报道的数量也相应下降,见图 5.1。

因此,以新闻报道的数量来替代这些变量是相对较好的选择。

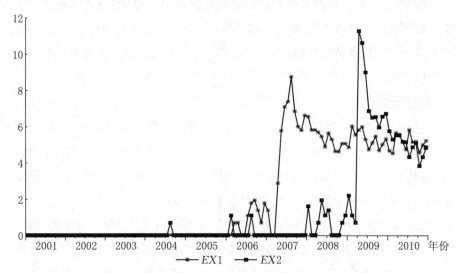

图5.1 关于蓝耳病和猪流感的新闻报道数量(自然对数值)

资料来源:百度新闻搜索。

这四个变量具有两方面的特点:第一,四类冲击都属于食品安全事件的范畴,前三者为突发性的疾病灾害,后者是人为的违法事件。四类冲击事件发生时,都必然会不同程度地影响猪肉市场的供求状况。第二,三类疾病冲击既影响猪肉的需求,更影响猪肉的供给。尤其是蓝耳病的暴发,导致母猪流产、仔猪大量死亡,猪肉供给严重短缺,与此同时,猪肉的需求量虽有一定的下降,但降幅并不大。而瘦肉精事件则往往发生于小范围地区,对当地猪肉需求有一定的抑制,但对全国范围的猪肉需求影响并不大。

以蓝耳病和猪流感为例,前者在2007年上半年(5—8月)出现一个急速上升的高峰期,最高的8月出现6 320条有关的新闻报道;后者则是在2009年4—6月出现爆炸性增长,4月关于猪流感的报道高达78 400条,此前每月都在10条以下。

5.1.3 估计结果

1. 数据检验

由于时间序列数据常常表现出非平稳的特性,因此在进行计量回归之前需要对数据进行平稳检验,否则会出现"伪回归"问题。本研究采用 ADF(Augmented Dickey-Fuller)方法,检验结果如表 5.1。

表 5.1 ADF 检验结果

变 量	水 平	一阶差分	单位根数量
RP_t	$-1.93(2)$	$-7.55^{**}(1)$	$RP_t \sim I(1)$
RB_t	$-1.69(1)$	$-5.47^{**}(0)$	$RB_t \sim I(1)$
RL_t	$-1.41(1)$	$-7.20^{**}(0)$	$RL_t \sim I(1)$
RC_t	$-2.65(1)$	$-9.87^{**}(0)$	$RC_t \sim I(1)$
PP_t	$0.30(2)$	$-7.36^{**}(1)$	$PP_t \sim I(1)$
L_t	$4.10(12)$	$-0.39(11)$	$L_t \sim I(2)$
NW_t	$-2.62(0)$	$-13.20^{**}(0)$	$NE_t \sim I(1)$
$EX1_t$	$-2.87(1)$	$-8.29^{**}(1)$	$EX1_t \sim I(1)$
$EX2_t$	$-3.34(0)$	$-9.81^{**}(1)$	$EX2_t \sim I(1)$
$EX3_t$	$-2.62(2)$	$-9.89^{**}(2)$	$EX3_t \sim I(1)$
$EX4_t$	$-2.41(1)$	$-16.42^{**}(0)$	$EX4_t \sim I(1)$

注:*、** 分别代表 5% 和 1% 的显著水平;ADF 检验的滞后阶数根据 AIC(Akaike Information Criterion)判断得出,表中第二、三列括号中的数字代表滞后阶数。

从表 5.1 的检验结果可看出,除 L_t 是两阶差分平稳(即存在两个单位根)外,其余变量均为一阶差分平稳。[①]因此,除 L_t 之外,其余变量可构建 VAR 及 VEC 模

---

① 本研究所获取的 L_t(工资)原始数据为季度数据,简单平均后得到的月度数据并不严谨,从而出现了与其他数据不一致的平稳性。但这已经是本研究所能获得的最小时间单位的工资数据。

型进行进一步的计量分析。

2. 协整分析

本研究将四类食品安全事件冲击分别引入不同的模型中,一方面是为了区分四类冲击各自对猪肉价格及其传递的影响,因为四类冲击对生猪供给和猪肉需求的影响方向及幅度存在差异;另一方面则考虑到将四个冲击变量放在一个模型当中可能会存在较为明显的共线性问题,即某些事件可能同时发生,如果放在同一个模型当中,则无法区分影响效应究竟来自哪个冲击变量。协整分析结果见表 5.2。

表 5.2　协整方程回归结果

被解释变量	解释变量	
$RP_t =$	$32.78 + 2.44RB_t - 5.48RL_t + 3.2RC_t + 4.1\textbf{EX1}_t - 0.15NW_t$ $\qquad (3.21)\quad (-5.69)\quad (3.97)\quad (6.67)\quad (-5.72)$	(5.1.15)
	$5.22 + 1.33RB_t - 1.72RL_t + 1.54RC_t + 0.48\textbf{EX2}_t - 0.04NW_t$ $\qquad (5.10)\quad (-5.32)\quad (5.91)\quad (3.79)\quad (-5.25)$	(5.1.16)
	$6.65 + 1.35RB_t - 0.33RL_t + 0.44RC_t - 1.36\textbf{EX3}_t + 0.06NW_t$ $\qquad (2.06)\quad (-0.47)\quad (0.7)\quad (-3.10)\quad (-3.42)$	(5.1.17)
	$5.85 - 0.16RB_t + 0.74RL_t + 0.76RC_t + 0.02\textbf{EX4}_t + 0.04NW_t$ $\qquad (-0.29)\quad (1.26)\quad (1.61)\quad (0.08)\quad (2.95)$	(5.1.18)
$RP_t - PP_t =$	$17.69 + 0.91RB_t - 2.30RL_t + 1.11RC_t + 1.93\textbf{EX1}_t - 0.07NW_t$ $\qquad (2.49)\quad (-5.00)\quad (2.88)\quad (6.58)\quad (-5.34)$	(5.1.19)
	$3.46 + 0.23RB_t - 0.24RL_t + 0.19RC_t + 0.14\textbf{EX2}_t - 0.01NW_t$ $\qquad (2.06)\quad (-1.74)\quad (1.68)\quad (2.49)\quad (-1.73)$	(5.1.20)
	$1.58 + 0.35RB_t + 0.28RL_t - 0.32RC_t - 0.75\textbf{EX3}_t + 0.04NW_t$ $\qquad (1.00)\quad (0.73)\quad (-0.95)\quad (-3.18)\quad (4.39)$	(5.1.21)
	$0.80 - 0.49RB_t + 0.79RL_t - 0.02RC_t + 0.09\textbf{EX4}_t + 0.02NW_t$ $\qquad (-2.03)\quad (3.13)\quad (-0.12)\quad (0.74)\quad (3.84)$	(5.1.22)

　　注:括号内为对应参数的 t 值;根据 AIC 和 SC 准则,除(2a)和(2b)选择 VAR(3)以外,其余模型均为 VAR(5);相关的检验结果表明,在 5% 的显著水平上,所有模型的残差均不存在自相关和异方差,除模型(2a)和(2b)外,其余模型均接受残差正态分布的原假设;在估计 VEC 模型时,对变量 RP_t 和 PP_t 的系数分别施加 1 和 0 约束,可得到表 5.2 中上半部分的协整方程;同理,对变量 RP_t 和 PP_t 的系数分别施加 1 和 -1 约束,可得到表 5.2 中下半部分的协整方程。

除了模型(5.1.15)和(5.1.19)之外,其他协整方程中都存在不显著的变量。为了更明确地分析各解释变量的影响力和方向,将不显著的变量剔除之后,重新估计得到表 5.3 所示结果。

表 5.3　剔除不显著变量之后的协整方程回归结果

被解释变量	解释变量	
$RP_t=$	$32.78+2.44RB_t-5.48RL_t+3.2RC_t+4.1\textbf{EX1}_t-0.15NW_t$ $(3.21)\quad(-5.69)\quad(3.97)\quad(6.67)\quad(-5.72)$	(5.1.15)
	$3.54+0.93RB_t-1.31RL_t+1.66RC_t+0.60\textbf{EX2}_t-0.03NW_t$ $(5.10)\quad(-5.32)\quad(5.91)\quad(3.79)\quad(-5.25)$	(5.1.16)
	$7.75+1.36RB_t-1.71\textbf{EX3}_t+0.09NW_t$ $(6.09)\quad(-3.50)\quad(4.86)$	(5.1.17)
	$-2.79+0.4RB_t+0.83RC_t+0.02NW_t$ $(7.81)\quad(7.70)\quad(2.78)$	(5.1.18)
$RP_t-PP_t=$	$17.69+0.91RB_t-2.30RL_t+1.11RC_t+1.93\textbf{EX1}_t-0.07NW_t$ $(2.49)\quad(-5.00)\quad(2.88)\quad(6.58)\quad(-5.34)$	(5.1.19)
	$2.54+0.24RC_t+0.21\textbf{EX2}_t$ $(2.54)\quad(4.41)$	(5.1.20)
	$1.42+0.44RB_t-0.62\textbf{EX3}_t+0.03NW_t$ $(6.13)\quad(-3.94)\quad(4.66)$	(5.1.21)
	$0.47-0.27RB_t+0.49RL_t+0.08\textbf{EX4}_t+0.01NW_t$ $(-4.35)\quad(8.39)\quad(2.88)\quad(4.48)$	(5.1.22)

注：括号内为对应参数的 t 值。

从表 5.3 上半部分可以看出，关于四类食品安全事件的新闻报道对猪肉零售价格的影响方向和大小不一致。蓝耳病（$\textbf{EX1}_t$）和猪流感（$\textbf{EX2}_t$）的暴发会引致猪肉零售价格上涨，其中，蓝耳病的冲击最为剧烈和明显，其系数高达 4.1，在 1% 的水平上显著。主要原因在于蓝耳病的暴发导致母猪流产、仔猪大量死亡，供给严重不足，而需求并没有相应减少，因而猪肉价格出现暴涨；相比之下，猪流感对猪肉价格的冲击较温和，因为猪流感并没有导致生猪的大量死亡；而瘦肉精事件对猪肉价格的影响则非常不显著，可以忽略不计，因为瘦肉精事件往往发生于局部地区或个别企业，对全国的猪肉市场冲击不大；猪瘟（$\textbf{EX3}_t$）是一种急性的接触性传染病，猪瘟的大面积流行不仅会引致生猪死亡，更会严重打击老百姓的消费信心，由于供给的减少不能抵消消费的减少，因而对猪肉价格有一个明显的负面冲击。

在没有食品安全事件冲击的情况下，生猪和猪肉净出口（NW_t）的增加，会使

得国内市场的猪肉供给减少，从而引起猪肉价格上升，即产生一个"正效应"，如式
（5.1.18）；当蓝耳病和猪流感等严重冲击猪肉供给时，由于净出口减少（净进口增加）量相对于因病减少的供给量微不足道，因此，其对猪肉价格的"正效应"比较微弱；同时，消费者会竞相购买质量相对可靠的进口猪肉，从而抬高了进口猪肉的价格，产生一个更为显著的"负效应"。而此时国产猪肉的供给本来就十分短缺，肉价飙升。因此，多方面的原因使得在蓝耳病和猪流感暴发的情况下，净出口的减少会引致猪肉价格的上涨；而猪瘟并没有引起生猪的大量死亡，反倒使得猪肉的消费受到抑制，而且猪瘟多是国际性的疫病，因而其效应与蓝耳病和猪流感正好相反。

作为猪肉的替代品，牛肉和鸡肉的价格对猪肉价格产生显著的正向影响，而羊肉价格却对猪肉价格产生负向影响，两者之前的替代关系并不强。从图 5.2 中可发现，猪肉和羊肉价格的变化趋势既有相同的阶段（如 2006 年下半年至 2008 年初），但也有一些阶段两者是反向变化的（如 2004 年底至 2006 年中，以及 2008 年初至 2010 年中等）。鉴于这一问题并非本书的研究重点，故留待将来作进一步研究。

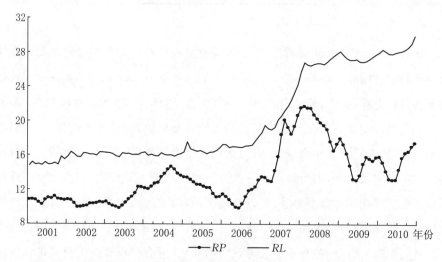

图 5.2　中国猪肉和羊肉零售价格变化情况（2001 年 1 月至 2010 年 12 月）

在表 5.3 的下半部分中，被解释变量为猪肉零售价格与生产价格（生猪收购价格）之间的差额。根据公式（5.1.12），如果市场是完全竞争的，即不存在市场力量，

则被解释变量只有劳动、运输以及各种损耗的成本,冲击变量和替代品价格不会出现在等式右边。虽然本研究因为劳动、运输等成本的数据无法获得,而难以判断这些成本是否对猪肉产业价格传递产生了何种影响,但表5.3的结果显示,冲击和替代品价格对价格传递起到了明显的作用。因此可以认为,市场力量在猪肉产业价格的非对称传递中产生了显著影响。

在四类食品安全事件冲击中,蓝耳病、猪流感及瘦肉精事件的发生都对价格传递产生正向影响,即导致零售价格与生产价格之间的差额增大,而猪瘟却产生相反的效应。其中,蓝耳病对价格传递的影响最大,瘦肉精事件的影响则最小,其原因与上文分析的猪肉零售价格的影响因素类似。另外一个可能的原因是,由于购买者和支付方式等的不同,生猪价格的涨跌单位一般为0.1或0.2元/500克,而猪肉价格的涨跌单位一般为0.5或1元/500克。

此外,在蓝耳病发生的情况下,猪肉和生猪净出口对价格传递产生负向影响,而在猪瘟和瘦肉精事件的模型中,净出口对价格传递产生正向影响。也就意味着,蓝耳病暴发时,一方面通过严重冲击猪肉供给而引致价格飞涨,从而增强猪肉产业价格传递的不对称性;另一方面,生猪和猪肉净出口的增加又产生了一个负向的抵消效应,能起到一定的缓和作用。恰恰相反的是,猪瘟的流行本来会缩小猪肉零售与生产价格之间传递的不对称性,但净出口的增加又会在一定程度上增强这种不对称性。与两者不同,突发性的瘦肉精事件不仅会拉大猪肉零售与生产价格之间的差距,而且此时净出口的增加还会产生一个额外的促进作用,导致两个环节价格差距更大。

替代品价格大多数情况下对猪肉产业的价格传递产生正向影响,即替代品价格上涨会引致猪肉价格上涨,而生猪价格并没有迅速或同等幅度地跟涨,从而拉大了猪肉零售与生产价格的差距。

3. 脉冲响应分析

本研究使用广义脉冲响应方法分析猪肉零售与生产价格对冲击变量的响应过程,这一方法克服了因为变量顺序不同而产生干扰的缺陷,自20世纪90年代末被提出以来,便受到广泛应用(Koop et al.,1996;Pesaran and Shin,1998)。

图 5.3 描述了猪肉零售价格与生产价格分别对蓝耳病的媒体曝光指数（$EX1_t$，图 5.3 上半部分）和猪肉及生猪净出口（NW_t，图 5.3 下半部分）一个标准差新息的响应。左上角的图描述了在初始期给蓝耳病曝光指数施加一个标准偏差新息的脉冲后，猪肉的零售价格明显快速上涨，到第 9 期的时候达到最高峰，上涨幅度接近 80%，之后开始快速回落。事实上，从 2007 年 4 月蓝耳病疫情刚发生，到 2008 年 2 月的 11 个月里，猪肉价格共上涨了 81%。[①]右上角的图反映的是猪肉生产价格（即生猪收购价格）对 $EX1_t$ 一个标准差新息的脉冲响应，大致趋势

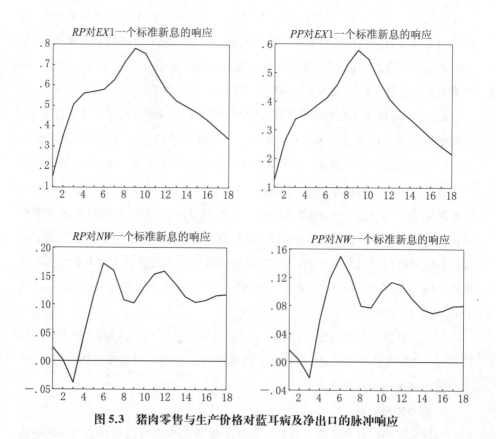

图 5.3　猪肉零售与生产价格对蓝耳病及净出口的脉冲响应

---

① 资料来源：《中国畜牧业年鉴》(2008—2009)。

与前者接近,但幅度相对较小,最高的第 9 期还不到 60％。

这一结果充分证明了两点:第一,面对食品安全事件冲击时,猪肉零售与生产环节的价格传递具有明显的不对称性,蓝耳病对猪肉零售价格的正向冲击要大于其对生猪收购价格的正向冲击;第二,两个环节的价格在面对同一冲击事件时,具有相近的变化趋势,说明两者之间的传递是较为顺畅的,不存在一个环节价格上涨,而另一环节价格不变甚至下跌的情况。

左下角的图描述了 NW_t 在初始期的一个标准差新息对猪肉零售价格的冲击过程,净出口在前三期会对猪肉价格产生负向的影响,然后迅速拉高猪肉价格,至第 6 期达到最高峰约 18％,之后又波动向下收敛。右下角图中描述的是生猪收购价格对 NW_t 一标准差新息冲击的响应过程,与左下角的图在变化趋势上非常接近。但两者在变化幅度上存在明显区别,左图变化幅度相对更大,在第三期的时候,猪肉零售价格下降了约 4％,而生产价格的下降幅度只有 2％;在第 6 期的时候,生产价格的响应幅度约为 15％,略低于零售价格。这两个图所包含的信息进一步证明了上文关于猪肉产业价格传递不对称的结论。

通过图 5.3 还能得出一个重要结论,即市场力量确实在中国猪肉产业价格的不对称传递中发挥了影响,印证了前文的结论。根据 Lloyd 等(2006),如果没有市场力量的影响,食品安全事件(蓝耳病)及净出口对猪肉零售与生产价格的冲击幅度应该是一致的,而本研究的分析结果显然拒绝了这一假设。

其他三类事件对猪肉及生猪价格的脉冲响应分析结果与蓝耳病相似,都表明对猪肉价格的冲击幅度要大于对生猪价格的冲击,在此不再进行罗列和赘述。

5.1.4　小结

本研究使用 2001 年 1 月至 2010 年 12 月的月度时间序列数据,研究了食品安全事件对猪肉价格及其在纵向关联市场间传递的影响,并分析了市场力量在其中所扮演的角色。研究结果表明:

第一,中国猪肉产业价格传递存在明显的不对称性,除猪瘟外,其他食品安全事件对猪肉零售价格的冲击要大于其对生猪收购价格的冲击。

第二，中国猪肉零售商拥有一定的市场力量，这是导致猪肉产业价格传递不对称的一个重要原因。虽然我们不能否定猪肉零售与生产价格之间的差距与其他营销或监管成本有关，但检验结果表明，市场力量确实对两个价格的差距产生影响。

第三，不同类型的安全事件冲击对猪肉价格及其传递的影响方向和大小不尽一致。蓝耳病和猪流感对猪肉价格产生显著的正向影响，同时还会增大猪肉零售价格与生产价格的差距，其中蓝耳病的影响明显较大；而猪瘟则会产生完全相反的效应，不仅引起猪肉零售价格的下跌，还会缩小零售与生产价格的差距；瘦肉精事件的影响不太明显。

第四，在不同的食品安全事件中，猪肉和生猪净出口（供给冲击）对猪肉价格及其传递的影响也不一样。当蓝耳病和猪流感发生时，净出口对猪肉零售价格产生负向影响；而当发生猪瘟，或者不考虑任何食品安全事件时，净出口对猪肉价格会产生正向影响。同时，在价格传递模型中，净出口会抵消一部分蓝耳病的冲击，以缩小猪肉零售与生产价格的差距；反之，净出口会增加猪瘟和瘦肉精事件对价格传递的影响。

尽管如此，本研究在方法和数据方面也存在一定的缺陷：其一，理论模型显示，营销成本（人力、交通等）和政府监管成本会对不同环节价格差额产生影响，但这方面的数据难以获取；其二，市场力量对价格传递的影响是通过间接的方式进行检验和判断的，缺乏一个独立的变量来衡量市场力量，因而也无法估测出市场力量的大小，以及其对价格传递的影响程度。这些方面的不足只能期待在今后的研究工作中不断弥补和改进。

5.2 市场力量对资源配置效率的影响

限制厂商市场力量过大一直是各国反垄断实践的重要内容。虽然市场力

量对于厂商或行业发展初期有一定的积极作用,如促进技术创新,但如果不对
其进行合理约束,则发展到后期,市场力量会产生一系列的负面效应,包括导致物
价上涨、福利分配不公、配置效率受损,乃至阻碍技术进步,影响行业的健康发展。
市场力量虽然能在一定程度上增加厂商的福利,但却会导致消费者的福利受到更
大的损失,从而产生一个社会福利净损失,即配置效率损失(Allocative Efficiency
Loss,AEL)。

5.2.1　文献回顾

Harberger(1954)最早对配置效率损失进行了实证分析,提出了著名的"无谓
损失三角形",又称"Harberger 三角形",Harberger 估测了美国工业部门因垄断而
导致的资源配置和消费者福利损失,约占美国 GNP 的 0.3%。此后,很多学者都
试图通过计算"Harberger 三角形"的面积来估测市场力量对配置效率带来的损失
(Cowling and Mueller, 1978;Willner, 1989;Bhuyan and Lopez, 1995;Peterson
and Connor, 1995;等等)。正如 Bhuyan 和 Lopez(1998a)所指出,早期研究在方法
上存在明显不足,其一是以简单的财务指标(如价格—成本边际)来衡量市场力量
的大小,并以此估算配置效率损失(Gisser, 1982;Willner, 1989;Bhuyan and
Lopez, 1995;Peterson and Connor, 1995);其二是对边际成本和需求价格弹性的
不合理假定(Parker and Connor, 1979;Willner, 1989),这两方面的缺陷都会导致
对市场力量的估测产生较大偏差,从而影响配置效率损失估计结果的精确性。

为了克服这些缺陷,Bhuyan 和 Lopez(1998a)首先根据 Appelbaum(1982)提出
的 NEIO 模型,估测出市场力量、需求价格弹性、边际成本弹性等参数,在此基础
上构建了估测配置效率损失的 AEL 模型。这一方法一方面可得到市场力量的合
理估测值,另一方面又避免了对边际成本和需求价格弹性的任意性假设所带来的
问题。依此方法,Bhuyan 和 Lopez(1998a)对美国 38 个食品和烟草工业部门因市
场力量而产生的配置效率损失进行估算。其研究结果表明,1987 年美国食品和烟
草工业由于市场力量带来的平均福利损失达 5.03%,折算成金额超过 150 亿美

元,各行业的损失率从 33.43% 到 0.07% 不等,作者认为这与美国的实际情况相符。

Bjertnas(2007)研究了在考虑中间商品市场存在市场力量情况下的福利成本问题,并指出早前的研究如 Harberger(1954)、Sherer 和 Ross(1990)等,都忽略了要素市场尤其是劳动力市场的扭曲而导致的福利损失,而 Browning(1997)关于福利成本的研究则忽视了中间商品市场上的市场力量。作者弥补了这些不足,通过改进 Browning(1997)模型,考虑了在中间商品市场存在市场力量的情况下,对劳动力市场和最终产品市场福利成本的影响,其实证估测结果表明,厂商在中间商品市场上的市场力量对劳动力供给的福利损失是对最终消费品市场福利损失的40 多倍,大大高于之前文献由于忽略中间商品市场的估测值。

由于国情和所处发展阶段等的不同,中国食品与烟草工业在市场结构、行为及绩效等方面与美国等西方发达国家存在较大差异。当前,中国正处于转型升级的关键时期,优化产业内部及产业之间的结构,提高企业经营效率和行业发展效益成为转型升级的重要着力点,这在中国食品工业显得尤为迫切。而优化结构的一项重要内容就是要合理约束企业尤其是大企业的垄断行为,为市场经营主体创造一个良好的竞争环境。食品企业的垄断行为不仅直接影响老百姓的日常生活和农民种植业的收入,而且对产业的长期可持续发展及社会福利的公平分配不利。近年来,社会各界对食品企业借助市场力量操纵市场价格的质疑越来越多、越来越强烈,国家也加大了对食品企业垄断行为的规范力度。但整体而言,当前中国对食品行业的反垄断实践还处于起步阶段,理论与政策的探讨显得必要而迫切。

因此,本节拟采用科学的方法和数据,对中国主要食品工业部门的市场力量及配置效率损失进行实证分析,希望能为有关方面的政策制定和理论研究提供参考。与国内已有研究相比,本研究在方法进行了拓展,增加了配置效率损失金额的估算;在数据上进行了更新,增加了自由度;在行业上进行了丰富,而且还将各行业纳入同一框架和时间跨度内,进行对比研究。

5.2.2　模型构建与数据说明

1. 理论模型

本研究首先采用 NEIO 模型估测出各行业的市场力量、产出需求弹性和边际成本弹性等参数,然后再根据 AEL 模型对市场力量所引致的配置效率损失进行估测。根据 Appelbaum(1982),NEIO 模型的核心为一个联立方程组:

$$p_j = \begin{bmatrix} \beta_{KK}\omega_{Kj} + \beta_{LL}\omega_{Lj} + \beta_{MM}\omega_{Mj} + 2\beta_{KL}(\omega_{Kj}\omega_{Lj})^{\frac{1}{2}} \\ + 2\beta_{KM}(\omega_{Kj}\omega_{Mj})^{\frac{1}{2}} + 2\beta_{LM}(\omega_{Lj}\omega_{Mj})^{\frac{1}{2}} \end{bmatrix} \Big/ [1 - \theta_j/\eta_j] \quad (5.2.1)$$

$$\ln y_j = \alpha - \eta\ln(p_j/d) + \rho\ln(q/d) \quad (5.2.2)$$

$$X_{Kj}/y_j = \beta_{KK} + \beta_{KL}(\omega_{Lj}/\omega_{Kj})^{\frac{1}{2}} + \beta_{KM}(\omega_{Mj}/\omega_{Kj})^{\frac{1}{2}} + \beta_K/y_j \quad (5.2.3)$$

$$X_{Lj}/y_j = \beta_{LL} + \beta_{KL}(\omega_{Kj}/\omega_{Lj})^{\frac{1}{2}} + \beta_{LM}(\omega_{Mj}/\omega_{Lj})^{\frac{1}{2}} + \beta_L/y_j \quad (5.2.4)$$

$$X_{Mj}/y_j = \beta_{MM} + \beta_{KM}(\omega_{Kj}/\omega_{Mj})^{\frac{1}{2}} + \beta_{LM}(\omega_{Lj}/\omega_{Mj})^{\frac{1}{2}} + \beta_M/y_j \quad (5.2.5)$$

其中,p_j、y_j 分别为厂商 j 的产出价格和需求量,X_{Kj}、X_{Lj} 和 X_{Mj} 分别为资本、劳动和原材料这三类要素的投入量,ω_{Kj}、ω_{Lj} 和 ω_{Mj} 分别为资本、劳动和原材料的价格,q 为国民生产总值(当年值),d 为 1+通货膨胀率,ρ 为边际成本弹性,$\theta_j(= \partial\ln Y/\partial\ln y_j)$ 和 $\eta_j = (\partial\ln y_j/\partial\ln p_j)$ 分别为猜测弹性和产品的需求弹性。根据推导,企业的勒纳指数 $L = \theta/\eta$。

五个方程分别代表不同的经济关系,其中,方程(5.2.1)和(5.2.2)分别代表产出定价函数和需求函数,方程(5.2.3)至(5.2.5)则分别代表三种要素(资本、劳动和原材料)的需求函数。模型的推导过程详见 Appelbaum(1982)。

Bhuyan 和 Lopez(1998)以上述 NEIO 模型为基础,推导出估测 AEL 模型:

$$\text{AEL} = \int_{y_0}^{1} \left[(1/y_j)^{\frac{1}{\eta}} - y_j^{\frac{1}{\eta}} \right] \mathrm{d}y_j \quad (5.2.6)$$

其中,y_0 为寡占均衡状态下的产出,$y_0 = \left(\dfrac{\eta-\theta}{\eta}\right)^{\frac{\eta}{\eta+\gamma}}$,$\gamma$ 为边际成本弹性的倒数,$\gamma = 1/\rho$。公式(5.2.6)计算出的是配置效率损失占社会总福利的比例,AEL 乘以行业总销售收入可得到货币化的损失值。模型的推导过程详见 Bhuyan 和 Lopez(1998)。

2. 数据说明

本节所使用的数据与第 3 章相同,数据说明参见第 3 章。此外,还增加了国民生产总值(q)、居民消费价格指数(CPI),这两个变量的数据均来自 2000—2012 年的《中国统计年鉴》。

5.2.3 实证结果

由于估测市场力量的模型是一个联立方程组,而且其中包含非线性方程,因此,本研究首先使用 Stata 12.1 版软件中的非线性联立方程组估计法,对方程组 (5.2.1)至(5.2.5)进行回归,以获得参数 η、γ 的估计值,然后再计算出寡占均衡产出 y_0、猜测弹性 θ 及勒纳指数 L,最后依据方程(5.2.6)进一步估算出配置效率损失,结果见表 5.4。

表 5.4 各行业市场力量与配置效率损失的估测结果

行 业	AEL (%)	AEL (亿元)	$|\eta|$	θ	ρ
烟 草	5.80	396.90	1.034*** (0.065)	−0.848*** (0.054)	1.221*** (0.100)
豆 油	−8.05	−114.49	1.308*** (0.253)	2.399*** (0.471)	0.545*** (0.131)
花生油	16.63	8.17	1.836*** (0.587)	−2.019*** (0.680)	1.829*** (0.315)
菜籽油	0.14	0.03	0.040 (0.377)	−0.013 (0.121)	0.338* (0.198)

续表

行　业	AEL		$\lvert\eta\rvert$	θ	ρ
	（%）	（亿元）			
甘蔗糖	2.67	7.39	1.052*** (0.110)	0.299*** (0.037)	0.912*** (0.087)
甜菜糖	11.4	14.12	0.563*** (0.179)	0.302*** (0.098)	0.614*** (0.152)
大　米	0.02	0.18	1.550*** (0.099)	0.042** (0.011)	1.016*** (0.057)
面　粉	0.86	69.18	1.197*** (0.093)	−0.224*** (0.020)	0.994*** (0.039)
猪　肉	0.08	4.76	1.860*** (0.220)	−0.112*** (0.023)	1.585*** (0.140)
牛　肉	0.80	45.28	2.569*** (0.466)	−0.506*** (0.104)	1.869*** (0.279)

注：(1) *、** 和 *** 分别代表在 10%、5% 和 1% 的水平上显著；(2)AEL 分两种计算方法，一是比例形式，二是按 2011 年的行业销售收入折算后的损失金额［方法参考 Bhuyan 和 Lopez(1998)］；(3)由于 AEL 不能直接由模型估测得出，而是经过相关公式和参数计算而来，因而没有报告其标准差；(4)$\lvert\eta\rvert$ 代表 η 的绝对值；(5)括号内为对应参数估计的标准差。

1. 需求价格弹性、猜测弹性和边际成本弹性

首先，需求价格弹性 η 的绝对值最大的是牛肉屠宰和加工业，约为 2.57；其次是猪肉和花生油加工业，约为 1.86 和 1.84；大米加工业次之，约为 1.55；需求弹性最小的是菜籽油加工业，仅为 0.04，但在 10% 的水平上不显著。牛肉、猪肉、花生油和大米价格弹性较大的主要原因在于，这些产品的替代产品或替代品牌较多，竞争十分激烈，消费者可选择的余地较大，任何企业或品牌的产品价格稍微波动，消费者就会转移到其他产品或品牌。[①]菜籽油是植物油中比较低端的产品，而且菜

---

① 这是一个非常有趣的现象，比如在大米市场上，企业和品牌数量众多，竞争非常激烈，因而任何厂家大米的价格稍有变动，必然导致该消费者对其购买量的大幅变动，这是很多企业尤其是超市的经验。然而，从整个产业来看，价格的变动对大米总需求的影响却并不大，因为大米是大部分居民日常消费的必需品。因此，以企业层级的数据估计出来的大米需求弹性，往往会大于以行业加总数据估计出来的值。

籽油进口量不如大豆油多,故其弹性值较小也有道理。

其次,烟草、花生油、面粉、猪肉和牛肉加工企业的猜测弹性值为负,且均在1％的水平上显著,意味着这两个行业的企业产量的增加(或减少)会导致整个行业总产量的下降(上升)。其余行业(除菜籽油外)猜测弹性的估计值都显著为正,且都介于 0 和 1 之间,表明这些行业的企业增加产量,会导致行业总产量不同程度的增长。

再次,各行业边际成本弹性的估计值均为正,且都比较显著。其中,边际成本弹性较大的两个行业是牛肉、花生油和猪肉加工业,弹性值分别约为 1.87、1.83和 1.59,表明在这三个行业中,随着产出的增加,企业边际成本会更大幅度地上升。可能的原因在于行业产能过剩,产量的增加,会带来明显的储运和销售压力。边际成本弹性值最小的是菜籽油加工业,仅为 0.34。

2. 配置效率损失估计

根据公式(5.2.6)可估测出市场力量所引致的配置效率损失,见表5.4第二、三列。其中,花生油和甜菜糖加工业的配置效率损失较大,分别为 16.6％ 和11.4％,若以 2011 年的行业销售收入折算,损失金额分别达到 8.17 亿元和 14.12亿元。其次是烟草加工业,配置效率损失约为 5.8％,折算成 2011 年行业销售收入,损失金额高达 396.9 亿元。配置效率损失最小的是豆油加工业,为−8.05％,由此增加的社会福利达到 114.49 亿元。大米和猪肉加工业配置效率损失也非常小,仅分别为 0.02％ 和 0.08％。

从原因上来看,花生油和甜菜糖加工业配置效率损失较大似乎与现实不太相符,而且从第 3 章所估测出的市场力量结果(见表 3.3)来看,这两大行业中企业的卖方市场力量也不是最大的。由于没有更好的方法和证据,对于这一疑问暂且搁置,留待将来进一步研究。

烟草加工企业的配置效率损失较大是符合实际情况的,主要原因在于中国烟草行业一方面实行国家专卖经营的垄断体制,同时各地方烟企之间又存在恶性竞争。前者降低了行业的生产经营效率,后者则造成了大量的人、财、物等资源浪费。由于烟草行业销售收入总量庞大,故折算成金额后,配置效率损失高达近 400

亿元。因而加强烟草行业的整合、提高烟企生产经营效率显得非常迫切。

豆油加工业配置效率损失为负值的原因可能在于行业竞争压力较大,尤其是大量的进口豆油冲击市场,导致豆油价格偏低(低于平均的边际成本),市场力量为负。由此增加的消费者剩余大于减少的生产者剩余,从而社会福利是增加的。尽管这对整个社会福利的增加是有利的,但同时会给豆油加工企业的绩效带来较大的负面影响,最终不利于行业的健康可持续发展。

5.2.4　小结

本节使用 NEIO 模型和 AEL 模型,估测了中国十大食品加工业的配置效率损失。研究结果表明,市场力量会带来一定程度的配置效率损失,由于各行业市场力量相差较大,相应的配置效率损失也不尽一致。其中,花生油和甜菜糖加工业的配置效率损失较高,均超过 10%;烟草加工业次之,配置效率损失也超过了5%;其他行业的配置效率损失相对较小。此外,豆油加工业配置效率损失为负,意味着该行业负的市场力量会增加社会的整体福利。

尽管如此,本节的分析依然存在一些不足之处。首先,个别行业的配置效率损失估计值出现异常,与其市场力量不太相符,究竟是什么原因很难合理判断;其次,本节仅对卖方市场力量(产品市场)进行了研究,而没有探讨买方市场力量(要素市场)及其影响,这是将来研究的重要方向之一。

5.3　市场力量对 X 效率的影响

传统微观经济理论基本上隐含一个潜在的假定——所有生产者均是最优化的,即在给定技术和资源条件下,总能实现成本最小化和利润最大化。在这一框架下,任何偏离最大化产出、最小化成本(以及成本最小化条件下的要素需求)、最大化利润(以及利润最大化条件下的产出供给和要素需求)等经济现象,均被简单地归因于随机的统计误差。然而,大量的现象表明,虽然生产者有最优化的动力,但并不意味着所有生产者都能达到目的(Kumbhakar and Lovell, 2000)。因此,有必要对企业实现最优化目标的能力进行评估。

正如 Kumbhakar 和 Lovell(2000)所指出的,在给定条件下,并不是所有的生产者都能利用最少的投入生产最多的产出,也就意味着不是所有生产者在技术上都是有效率的;即使生产者在技术上都是有效率的,也不代表他们在给定要素价格的条件下,都能通过对(各类)要素投入的配置或调节来实现成本最小化,即不是所有生产者在成本上都是有效率的。成本效率的下降会导致技术效率的进一步下降;此外,即便生产者在成本上都是有效率的,但在给定产出价格的条件下,并不是所有生产者都能通过调节产出来实现利润最大化,即并非所有生产者在利润上都是有效率的。因此,作者认为有必要重构传统的生产、成本和利润函数及边界。

配置效率损失衡量的是企业垄断行为对整个行业福利的影响,多数情况下,企业福利得到增加,消费者福利则往往受到更大的损害,消费者损失的福利与企业增加的福利之间的差额即为配置效率损失。显然,企业在这个过程中是获利者,市场力量对其是有好处的,尽管它会导致整个社会的福利受损。如果仅从这个角度来看,企业作为理性的"经济人",必然会坚持维护甚至不断强化自己的市场力量,以获取更多的垄断利润。然而,市场力量对企业一定是有利的吗?

对此,有学者提出了质疑,认为市场力量可能会给企业带来高成本、低效率,如 Hicks(1935)在其著名的"安逸生活假说"中指出,市场力量越大,企业的管理者和员工越"懒散",因为能够借助市场力量较为轻松地获得丰厚的利润,企业的管理者和员工失去了为最大化利润而努力的激情。在这种情况下,企业的成本效率一般都比竞争状态下低。因此,他认为增加竞争有利于降低企业的这种无效率。

Leibenstein(1966)首先将这种无效率命名为"X 无效率"(X-inefficiency),并认为在市场力量的影响下,X 无效率往往比配置效率损失更大、更显著,X 无效率的改善是产出增长的重要源泉。[①]Comanor 和 Leibenstein(1969)进一步指出,在分析垄断(或市场力量)所带来的福利损失时,如果仅仅考虑资源配置效率损失,而忽略了 X 无效率,会带来非常大的偏差。

5.3.1 文献回顾

自 Hicks 提出了"安逸生活假说"起,学术界对于市场力量与 X 效率关系的讨论方兴未艾。早期关于这一问题的研究多为理论推导,后来逐渐出现相关的实证分析,且以银行业居多。如 Berger 和 Hannan(1998)以美国银行业的数据对"安逸生活假说"进行了实证检验,结果显著地表明,银行市场力量越大,其成本效率就越低。作者给出的理由是,拥有较强市场力量的银行可以凭借其市场力量,以较少的付出获得较多的收益,因而其管理者缺少尽可能降低成本的动机。此外,在市场力量的驱使下,管理者可能会将其目标定在其他方面,而不是成本最小化,从而降低了成本效率。但作者使用市场集中度来代替市场力量,其精确性有待商榷。

Maudos 和 Fernández de Guevara(2007)对欧洲银行业进行研究后发现,市场力量与 X 效率间存在正向关系,拒绝"安逸生活假说"。作者认为可能的原因是竞争导致银行缺乏增加服务的激励,以及较低的监督和筛选成本;2002 年,由于银行业市场力量导致的社会福利损失占欧盟 15 国 GDP 的 0.54%;此外,降低市场力量而带来的福利增加,远远大于因此而导致的银行成本效率的损失,这也肯定了欧盟关于消除各成员国银行业壁垒和各种保护主义手段的政策。

与 Maudos 和 Fernández de Guevara 的研究结果类似,Solís 和 Maudos(2008)在对墨西哥银行业进行实证分析后发现,墨西哥银行业在存款市场不上存在"安逸生活",原因可能在于,拥有市场力量的银行会提供较差的存款服务,从而降低了运营成本,提高了成本效率;而在贷款市场上则情况正好相反,市场力量会导致成

---

① 在此之前,Cyert 和 March(1963)曾提出过组织松弛的概念,用以描述企业由于管理上的松懈,导致成本上升到最低水平之上的过程。

本效率下降，即存在安逸生活。此外，Delis 和 Tsionas（2009）对欧洲货币联盟（EMU）和美国银行业的研究则接受了"安逸生活"的假说，即在这些国家中，银行市场力量与效率之间存在负相关关系。除了银行业，Kutlu 和 Sickles（2012）的研究还证明美国航空业也存在"安逸生活"现象，航空公司的市场力量与其效率之间存在负相关。

然而，国内关于"安逸生活假说"的实证分析起步很晚，而且成果匮乏，主要以有关高校的学位论文为主，如刘欣（2013）、刘前（2008）、袁宁怿（2010）、齐树天（2008）、蔡华（2008）、陈丽君（2008）、栾峥（2010）、王明（2012）、袁绍波（2012）等对中国银行业的"安逸生活假说"进行了验证，而且除袁绍波（2012）外，其余论文均使用市场集中度或市场份额来度量市场力量，这两者仅是市场结构的衡量指标，并不能代表市场力量。

除银行业外，尚没有其他学者对中国工业企业（包括食品工业企业）的有关问题进行过研究。食品工业与银行业在要素的使用、生产（或服务）技术、市场结构等方面存在较大差异，在我国食品工业不同产业中是否也存在"安逸生活"现象，这是一个非常值得研究的问题。

此外，还有学者从企业产权性质的角度对企业效率问题进行了剖析，认为产权性质（如公共和私人）的不同，会带来企业管理效率的差异。如 Alchian（1965）曾指出，私人股权结构的集中（concentration）和可转让（transferability）特点为其股东提供了监督管理者（经理人）绩效的激励，相反，公共部门股权的所有者由于分散和股权的不可转让性，缺少这种激励。从而，公共部门的管理者（经理人）有更多的自由去实现自己的目标，而非产权所有人的目标。Niskanen（1971）甚至将公共部门的管理者视作"预算最大化者"（Budget Maximizers），而不是传统的利润最大化者。这是公共部门效率低于私人部门效率的一个内在原因。中国的国情决定了在多数行业中同时存在国有企业（或国有控股企业）和非国有企业。而由于各种原因，这两类企业的市场力量对其生产和管理效率的影响可能不同，如果忽视这种差异的存在，可能会给回归分析带来误差。

本节拟以勒纳指数作为市场力量的衡量指标，采用企业层级的面板数据，分析市场力量对中国食品工业企业 X 效率(即成本效率)的影响,并区分国有和非国有企业在这方面的差异。研究的主要目的是验证市场力量是否会导致企业 X 效率下降,即在中国食品工业企业中是否存在"安逸生活"现象。

5.3.2　理论基础

市场力量究竟是如何影响企业的 X 效率呢? 对此,Parish 和 Ng(1972)从理论上进行了推导,作者假设成本固定,且需求曲线为线性。

图 5.4 中,C_c、Q_c 分别代表在完全竞争条件下的成本和产量;Q_m、P_m 则代表在垄断(或垄断竞争)条件下,企业不存在管理松弛等无效率时的产量与价格;C_m 表示当垄断导致企业管理松弛时的新成本曲线,此时,C_m 大于完全竞争时的成本 C_c。

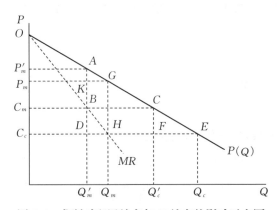

图 5.4　垄断对配置效率与 X 效率的影响示意图

假设垄断对效率的影响分为两个阶段,在第一阶段,企业将产量从完全竞争时的 Q_c 缩减到 Q_m,Q_m 为垄断情况下企业的最优产出,即不存在 X 无效率,相应地,价格也从 C_c 上升到 P_m。 此时,消费者剩余由 $\triangle OC_cE$ 减少为 $\triangle OP_mG$,生产者剩余则由 0 增加 P_mC_cHG,此时的社会成本(社会福利净损失)为 $\triangle GHE$;第二阶段,由于垄断可以带来高额垄断利润,此时企业的管理出现松弛,成本上升至 C_m,

并进一步导致产量下降到 Q'_m[1],同时价格上升至 P'_m。 此时,由于产量的下降,相对于第一阶段消费者剩余又减少了 P'_mAGP_m。 而生产者剩余也出现下降,下降幅度为 P_mC_cHG(产量为 Q_m 时的生产者剩余)与 P'_mABC_m(产量为 Q'_m 的生产者剩余)的差异。企业由于产量的减少(由 Q_m 减少到 Q'_m 时)带来的净的社会成本为 P'_mAGP_m。

由于 $P'_mAGP_m = ABHG$[2],因而,与完全竞争条件相比,当均衡点从 E 点移动到 A 点、成本 C_c 由上升至 C_m 时:(1)消费者剩余损失了 P'_mC_cEA;(2)生产者垄断利润增加了 P'_mC_mBA;(3)生产者因垄断而带来的非收入性剩余大于或等于 C_mC_cDB。 而且,(1)−[(2)+(3)] ⩽ $ABHE$。[3]

因此,垄断所带来的无效率可以分为两种:一是垄断条件下拥有 X 效率的生产者,由于限制产量所带来的效率损失 GHE;二是垄断导致生产者产生 X 无效率,即此时的垄断生产者无法保持竞争时的低成本,导致产量进一步下降而带来的效率损失 $ABHE$。

5.3.3 模型构建与数据说明

1. 市场力量与成本效率的估测模型

随机前沿成本函数是目前关于成本函数最前沿、应用最广的一种函数形式。在 Aigner 等(1977)、Meeusen 和 van den Broeck(1977)提出的随机前沿生产函数

---

[1] 此时产量的下降与第一阶段的情况不同,后者是由于企业拥有垄断力量,主动减少产量,以抬高价格;而前者则是因为受管理松弛等无效率的影响,产量被动下降。

[2] 根据假设,厂商的总收益为 $P(Q)Q$,边际收益为 $P(Q)+P(Q)'Q$,则有:

$$P'_mAGP_m = \int_{P_m}^{P'_c} Q\mathrm{d}P = \int_{Q_m}^{Q_c} QP'\mathrm{d}Q = -\int_{Q'_m}^{Q_m} QP'\mathrm{d}Q$$

$$ABHG = \int_{Q'_m}^{Q_m} [P-(QP'+P)]\mathrm{d}Q = -\int_{Q'_m}^{Q_m} QP'\mathrm{d}Q$$

这一等式在需求曲线为非线性时也成立(Parish and Ng, 1972)。

[3] Parish 和 Ng(1972)认为,当 X 无效率只增加间接成本而没有增加边际成本时,此时并没有产生额外的福利损失。 即间接成本的增加只减少了生产者的利润,而没有影响产品价格和产量,因而消费者并没有受到影响。

的基础上,Schmidt 和 Lovell(1979)构建了与之对应的随机前沿成本函数,被广泛地应用于估计成本效率问题,如 Berger 和 Hannan(1998)、Maudos 和 Fernández de Guevara(2007)以及 Solís 和 Maudos(2008)等采用这一方法分别对美国、欧盟 15 国和墨西哥银行业的市场力量与效率进行了研究。

根据 Bauer 等(1998)以及 Solís 和 Maudos(2008),随机前沿函数(Stochastic Frontier Function)在估测成本函数方面具有明显的优势,它可以较好地拟合成本,并且能够得到相对一致的估计。

设企业的随机成本边界为:

$$C_i = C(y_i, \omega_i, u_i, v_i) \tag{5.3.1}$$

假设效率和随机误差项是乘法可分的,则对上式进行对数变换后可得:

$$\ln c_i = f(y_i, \omega_i) + \ln u_i + \ln v_i \tag{5.3.2}$$

c_i、y_i 分别为企业 i 的总成本和总产出;ω_i 代表企业 i 的要素价格向量;u_i 为成本无效率,即 X 无效率,并假设其服从于半正态分布,$u \sim N(0, \sigma_u^2)$;v 为独立同分布的白噪声,并且服从于双边正态分布(Two-side Normal),$v \sim \text{i.i.d.} N(0, \sigma_v^2)$。

企业 i 的成本效率定义为行业最小成本与该企业真实成本的比率:

$$E_i^c = \frac{c_{\min}}{c_i} = \frac{\exp(f(y_i, \omega_i))\exp(\ln v_i)}{\exp(f(y_i, \omega_i))\exp(\ln u_i)\exp(\ln v_i)} = \exp(-\ln u_i) \tag{5.3.3}$$

在面板数据中,$C_{\min}$ 代表某一年所有企业中最小的平均成本[①],其与 C_i 的比率被用来衡量企业 i 与行业最低成本的差距,即企业 i 的成本效率。由于成本都为正,故 E_i^c 的取值范围为 $(0, 1]$,取值为 1 意味着达到了最优的成本效率。由 E_i^c 的取值范围也可推断出 u_i 为一个非负的数值。

根据 Jondrow 等(1982)和 Solís 和 Maudos(2008),代表无效率的 u_i 可以作为误差项的条件期望估计出来:

---

① 注意,此处使用的是平均成本,即单位产出的成本,而不能使用总成本进行比较,因为企业产出对总成本起到决定性作用,而市场力量在这种情况下微不足道。

$$E(u_i \mid \varepsilon_i) = \frac{\sigma\lambda}{1+\lambda^2}\left[\frac{\varphi(\varepsilon_i\lambda/\sigma)}{\Phi(-\varepsilon_i\lambda/\sigma)} - \frac{\varepsilon_i\lambda}{\sigma}\right] \tag{5.3.4}$$

其中, $\sigma^2 = \sigma_u^2 + \sigma_v^2$ 为总方差, $\lambda = \sigma_u/\sigma_v$, $\varphi(\cdot)$ 和 $\Phi(\cdot)$ 为标准正态分布的密度函数和累积密度函数。

2. "安逸生活假说"的检验模型

如前文所述,"安逸生活假说"是指当企业的市场力量增加时,企业管理者和员工会变得更加"懒散",从而导致企业成本效率降低。为了检验这一假说在中国烟草及食品工业中是否成立,本节借鉴 Solís 和 Maudos(2008)的思路和方法,以市场力量(L_{it})以及影响成本效率的其他控制变量($\boldsymbol{x}_{it}$)为解释变量,分析其对企业成本效率(E_{it}^c)的影响。由于本研究所使用的数据为企业层级的面板数据,其中既包括国有资本控股的企业,也包括非国有资本控股的企业,为了观察这两类不同性质企业的市场力量对其成本效率影响的区别,本节拟加入代表企业产权性质的虚拟变量与市场力量的交叉项($D_{it} * L_{it}$)[①],构建模型如下:

$$E_{it}^c = f(L_{it}, D_{it} * L_{it}, \boldsymbol{x}_{it}) \tag{5.3.5}$$

其中, X_{it} 包括企业总资产的对数($\ln TA_{it}$)、总产出/总资产比的对数($\ln QTA_{it}$)、固定资产净值/总资产比($XKTA_{it}$)、原材料投入值/总资产比($XMTA_{it}$)、劳动投入值/总资产($XLTA_{it}$)。由于 E_{it}^c 的取值范围介于 0 到 1 之间,因而,式(5.3.5)可采用 logistic 函数的形式(Solís and Maudos,2008):

$$\text{logistic}(E_{it}^c) = \frac{e^{\alpha+\beta_1 L_{it}+\beta_2 D_{it}\times L_{it}+\sum_{k=1}^5 \gamma_k \boldsymbol{x}_{it}^k}}{1 + e^{\alpha+\beta_1 L_{it}+\beta_2 D_{it}\times L_{it}+\sum_{k=1}^5 \gamma_k \boldsymbol{x}_{it}^k}} \tag{5.3.6}$$

经对数变换后可得:

$$\ln\left(\frac{\text{logistic}(E_{it}^c)}{1 - \text{logistic}(E_{it}^c)}\right) = \alpha + \beta_1 L_{it} + \beta_2 D\times L_{it} + \sum_{k=1}^5 \gamma_k \boldsymbol{x}_{it}^k \tag{5.3.7}$$

从模型(5.3.7)中很难直观看出各解释变量对成本效率的影响大小,为此,可

---

① 由于中国烟草加工企业基本上均为国有企业,因而在对烟草加工业进行分析时,去掉这一交叉变量。

以推导出各解释变量对成本效率的弹性。由于解释变量中既有取自然对数的形式(如 $\ln TA_{it}$、$\ln QTA_{it}$),又有未取对数直接加入模型的(如 L_{it}、$D \times L_{it}$、$XKTA_{it}$、$XMTA_{it}$、$XLTA_{it}$),因而各变量对成本效率的弹性计算公式不一样。对于前者,弹性公式为:$e_k = \gamma_k(1-E_t^c)$,后者的弹性计算公式包括三种情况:(1)国企市场力量($D=1$)的弹性:$e_{L0} = (\beta_1 + \beta_2)L(1-E_t^c)$,其中 L 和 E_t^c 分别为行业平均的市场力量和 X 效率;(2)非国企市场力量($D=0$)的弹性:$e_{L1} = \beta_1 L(1-E_t^c)$;(3)其余变量的弹性:$e_k = \gamma_k x_k(1-E_t^c)$,$x_k$ 为各变量的平均值。

值得注意的是,式(5.3.7)中,因变量 $\ln\left[\dfrac{\text{logistic}(E_{it}^c)}{1-\text{logistic}(E_{it}^c)}\right]$ 是 E_{it}^c 的增函数,自变量对 E_{it}^c 的影响为正或负,取决于该自变量的系数符号是正还是负。[①]

3. 数据说明

本节所使用的数据与前文基本一致,L_{it} 的估计值来自第 4 章,其余数据的描述详见第 3.2 节和第 4.3 节。

5.3.4 实证结果

首先,通过模型(5.3.3)可估测出各行业企业的成本效率,然后采用 Stata 12.1 版软件中的面板数据分析方法,对模型(5.3.7)进行回归,可得到相应的参数估计值,结果见表 5.5。在模型的估计过程中,考虑到面板数据可能存在固定或随机效应,因而需对模型逐个进行 Hausman 检验,以甄别究竟采用哪一种估计方法(见表 5.5 最后一行)。此外,本节采用异方差稳健回归分析法,以尽可能地消除模型存在的异方差,因此相应参数的标准差均为异方差稳健标准差。

1. 市场力量对 X 效率的影响

由于模型的被解释变量为 X 效率的增函数,故各变量系数的估计值只能用于

---

① 这一点可以通过求导计算得出,即式(5.3.7)的因变量 $\ln\left[\dfrac{\text{logistic}(E_{it}^c)}{1-\text{logistic}(E_{it}^c)}\right]$ 对自变量求导,发现导数的符号取决于该自变量系数的符号,如 $\dfrac{dE_{it}^c}{dL} = \beta_1 E_{it}^c(1-E_{it}^c)$。

判断相应变量对 X 效率的影响方向。为了区分国企和非国企市场力量对 X 效率影响的差异，模型的解释变量中增加了一个虚拟变量和市场力量的交叉项（$D \times L$）。 $D = 0$ 代表非国企，此时市场力量对 X 效率的影响可通过 L 的系数进行判断；$D = 1$ 代表国企，此时市场力量对 X 效率的影响须通过 L 和 $D \times L$ 系数之和进行判断。

此外，市场力量对 X 效率的影响大小无法通过系数估计值直接观察，必须依照相应的弹性值进行推断。根据第 5.3.3 节关于弹性公式的推导，市场力量对 X 效率的弹性既取决于 L 和 $D \times L$ 系数估计值，还取决于行业平均的勒纳指数和 X 效率大小。弹性值的估计结果表明，大部分行业中企业的市场力量对其 X 效率产生正向影响，即企业市场力量越大，X 效率越高。

第一，非国有企业。

从影响方向来看，L 的系数符号均为正，而且大多在 1% 的水平上显著（花生油加工业除外），表明在这些行业中非国有企业的市场力量均对 X 效率产生显著的正向影响。即企业市场力量的上升，不仅没有降低 X 效率，反而还有利于提升企业的 X 效率，这一结论与"安逸生活假说"相违背。从影响大小来看，所有行业中非国有企业市场力量的弹性值均大于国有企业，意味着在市场力量增加幅度相同的情况下，非国有企业 X 效率的提升比国有企业更大。从这个角度可以认为，在本书所研究的食品工业中，非国企比国企更有效率。

就不同行业而言，非国有企业市场力量的弹性值最大的是甜菜糖加工业，约为 0.166；大豆油加工业稍低，为 0.118。意味着在这两个行业的非国有企业中，市场力量平均每上升 10%，分别会促进各自 X 效率提升 1.66% 和 1.18%。其余行业非国企市场力量对其 X 效率的影响幅度都很小，在大米加工业中这一弹性值几乎为 0。由此可以认为，在这些行业的非国有企业中，不存在所谓的"安逸生活"现象，企业通过增强市场力量提高了成本效率。

第二，国有企业。

在 $D \times L$ 的系数估计中，除甘蔗糖和大米加工业外其余行业都为负值，而且大多比较显著，意味着在这些行业中，国有企业市场力量对 X 效率的促进作用均小于非国有企业,花生油加工业中国企市场力量对 X 效率甚至产生负向影响(L 和 $D \times L$ 系数之和为负)。

与非国企相比,国企市场力量对 X 效率的弹性整体偏小,说明国企市场力量的变化对其 X 效率影响不大。此外,在菜籽油、面粉、猪肉和牛肉加工业中这一弹性为负值,说明这些行业中国有企业市场力量的增强会带来 X 效率下降,这一结果符合"安逸生活假说"。

综上所述,大致可以得出两个主要的结论:其一,在本书所研究的食品加工业中,企业市场力量的上升大都会带来 X 效率的改善,这与 Hicks 的"安逸生活假说"不相符;其二,所有行业中国企市场力量对 X 效率的影响均小于非国企,一定程度上反映出国企效率较非国企低。

2. 控制变量对 X 效率的影响

从表 5.5 中可以看出,在除市场力量之外的其他控制变量中,企业总资产(TA)和单位资产的产出(QTA)在大多数行业中均比较显著。前者控制的是企业资产规模对 X 效率的影响,在烟草、豆油和大米加工业中,总资产的弹性为负值,表明这三个行业中企业总资产平均每增加 10%,会造成各自的 X 效率分别下降 1.2%、2.1% 和 0.21%。其他四个行业总资产的弹性为正,说明这四个行业中企业总资产的增加会带来 X 效率的上升。QTA 控制的是企业的平均产出水平,在除面粉和猪肉加工业以外的其他行业中,平均产出的弹性值均为正,意味着企业平均产出水平的上升,会促进 X 效率的提高。其中烟草加工业中这一弹性值最大,为 0.56,其次是花生油和甜菜糖加工业,分别为 0.27 和 0.19,说明这三个行业中企业的平均产出每上升 10%,其 X 效率分别会提高 5.6%、2.7% 和 2.9%。

其余三个控制变量分别为固定资产净值/总资产比($XKTA_{it}$)、劳动投入值/总资产($XLTA_{it}$)、原材料投入值/总资产比($XMTA_{it}$),分别控制企业的资本、劳动力和原材料这三种核心要素的投入比率对 X 效率的影响。从模型估计结果来看,$XKTA_{it}$ 的系数仅在豆油加工业中显著,而 $XLTA_{it}$ 和 $XMTA_{it}$ 的系数都在其中四个行业中显著。在这三个变量的弹性估计结果中,$XKTA_{it}$ 和 $XMTA_{it}$ 的弹性值在大多数行业中为正,而 $XLTA_{it}$ 的弹性值在大部分行业中均为负,说明在多

表 5.5　各行业 X 效率的影响因素分析

变量	烟草	豆油	花生油	菜籽油	甘蔗糖	甜菜糖	大米	面粉	猪肉	牛肉
L	0.096***	1.192***	0.476	5.827***	2.119***	2.111***	0.039***	0.580*	0.764	5.268***
	(0.018)	(0.162)	(0.389)	(0.702)	(0.285)	(0.725)	(0.002)	(0.348)	(0.806)	(0.894)
$D \times L$	—	−0.602***	−1.136*	−5.090***	0.485	−1.511	1.876***	−0.056	−0.197	−3.470***
	（—）	(0.194)	(0.688)	(0.737)	(0.380)	(0.909)	(0.258)	(0.373)	(0.828)	(0.736)
$\ln(TA)$	−0.185**	−0.377***	0.061**	0.321**	0.605***	0.359	−0.024	−0.076***	0.422***	0.100***
	(0.072)	(0.082)	(0.030)	(0.150)	(0.103)	(0.248)	(0.028)	(0.012)	(0.092)	(0.035)
$\ln(QTA)$	0.849***	0.166***	0.459***	0.060	0.052	0.546***	0.074***	0.075***	−0.002	0.061
	(0.084)	(0.053)	(0.126)	(0.142)	(0.091)	(0.139)	(0.027)	(0.011)	(0.068)	(0.062)
$XKTA$	−0.283	−0.076***	0.038	0.120	0.071	0.298	−0.078	−0.023	0.020	−0.391*
	(0.241)	(0.013)	(0.204)	(0.407)	(0.080)	(0.483)	(0.054)	(0.043)	(0.074)	(0.237)
$XLTA$	−4.180*	−11 965**	−29 250**	−14 907	−11 536**	13 626	2 145	−3 204***	1 658.3	2 689.2
	(2.287)	(9 162)	(12 615)	(18 456)	(4 531)	(13 975)	(1 537)	(1 146)	(1 709.1)	(4 804.9)
$XMTA$	1.130	0.068**	−1.092***	0.175	0.004	0.124	−0.010*	0.001*	−0.008	−0.049
	(0.922)	(0.030)	(0.408)	(0.142)	(0.035)	(0.104)	(0.006)	(0.000)	(0.011)	(0.195)
$CONS$	10.31***	6.656***	0.372	−3.474	−10.709***	−5.304	1.033***	1.541***	−6.103***	0.240
	(1.694)	(1.474)	(0.742)	(2.596)	(1.781)	(4.654)	(0.453)	(0.209)	(1.469)	(0.559)

续表

变量	烟草	豆油	花生油	菜籽油	甘蔗糖	甜菜糖	大米	面粉	猪肉	牛肉
样本量	1 379	1 124	247	197	1 730	281	4 093	5 846	2 200	332
R^2	0.257	0.13	0.420	0.25	0.227	0.229	0.054	0.213	0.045	0.404
弹性										
$L0$	—	0.118	0.051	0.015	0.085	0.166	0.000	0.008	0.004	0.060
$L1$	0.017	0.008	0.046	−0.028	0.052	0.038	0.000	−0.017	−0.005	−0.017
TA	−0.122	−0.210	0.036	0.052	0.245	0.123	−0.021	0.033	0.158	0.018
QTA	0.561	0.092	0.271	0.010	0.021	0.186	0.065	−0.005	−0.001	0.011
$XKTA$	−0.064	−0.016	0.007	0.007	0.017	0.037	−0.029	0.001	0.003	−0.030
$XLTA$	−0.109	−0.034	−0.091	−0.012	−0.041	0.037	0.017	−0.013	−0.004	−0.004
$XMTA$	0.058	0.037	−0.154	0.019	0.003	0.063	−0.024	−0.017	0.011	0.004
面板效应	固定	固定	随机	随机	固定	固定	固定	随机	固定	随机

注：（1）*、**和***分别代表在 10%、5%和 1%的水平上显著；（2）各参数下面括号内为稳健标准差；（3）弹性值的估计中，$L0$ 和 $L1$ 分别代表非国有和国有企业的市场力量；（4）由于中国烟草加工企业基本上都是国有企业，因而没有分析产权性质对烟企效率（包括 X 效率、利润效率和技术效率）的影响；（5）由于存在严重的多重共线性，因此在猪肉产业中，$\ln(TA)$、$XKTA$ 和 $XLTA$ 被剔除出模型。

数行业中,企业适当地增加资本和原材料有利于其 X 效率的提升,而增加劳动力则会降低其 X 效率。

5.3.5 小结

本节通过采用随机前沿成本函数和 logistic 函数构建计量模型,首次实证分析了中国主要食品工业企业市场力量对 X 效率的影响。研究结果表明:第一,大部分行业中,企业市场力量的增强会促进 X 效率的提升,与 Maudos 和 Fernández de Guevara(2007)以及 Solís 和 Maudos(2008)分别对欧洲和墨西哥银行业的研究结论一致,即都拒绝了 Hicks 所提出的"安逸生活假说";第二,所有行业中国企市场力量对 X 效率的影响均小于非国企,一定程度上反映出国企效率较非国企低。

尽管如此,本节在某些方面依然存在不足之处,一是仅考虑到卖方市场力量对企业 X 效率的影响,而忽略了买方市场力量,主要原因在于模型推导难度较大;二是一些影响企业 X 效率的重要控制变量没有加入模型,如管理者的能力、工人的技术水平、生产设施的先进程度等,导致模型的拟合度不高。然而,这些变量的量化十分困难,现实中无法搜集这方面的数据。这些都是在将来研究工作中需要努力完善的,这一领域在未来依然有很大的拓展空间。

5.4 市场力量对利润效率的影响

5.4.1 文献回顾

利润问题是经济学的核心问题。利润是厂商行为的根本目标,新古典主义经济理论的大厦就建立在利润最大化原则这一基石上,尤其是厂商理论,基本上是围绕利润最大化而展开的。厂商在追求利润最大化的过程中,一般都会尽可能地抬高其产品价格、降低其生产经营成本,价格和成本的差额越大,其利润空间自然也就越大。这种抬高产品价格、降低生产经营成本的能力就是市场力量。因此,研究市场力量与利润的关系就显得十分必要。

正如前文所分析的,市场力量可能会显著地影响厂商的 X 效率(即成本效率),而成本最小化是厂商利润最大化的必要条件,市场力量对 X 效率的影响,势必会传导到厂商实现利润最大化的能力,即影响厂商的利润效率。所谓利润效率,是指企业的平均利润与行业最高平均利润之间的比率,反映厂商实现利润最大化的能力或效率。在一个不完全竞争的产业中,不同厂商之间由于规模、技术、管理等的不同,利润效率一定会存在差别。

作为理性经济人的厂商会运用市场力量来促进其利润的增长,但其市场力量与利润效率之间的关系却存在不确定性。市场力量较强的厂商,往往拥有较大的规模、先进的技术、优秀的人才和高效的管理,从而其利润效率也就越高;而正如 Hicks(1935)所提出的“安逸生活假说”,厂商的市场力量越强,其 X 效率可能越低,从而会对其利润效率产生负向影响。而且,很多研究表明,市场力量对厂商利润效率的影响,比对 X 效率的影响更大(Berger and Mester, 1997; Rogers, 1998; Maudos et al., 2002;等等)。在一个竞争激烈的产业中,市场力量会通过影响厂商的利润效率,来实现行业结构的重组,或者使强者更强、弱者更弱,最终促进行业市场集中;或者使厂商之间的力量趋于均衡。而且,不同行业之间存在各种差异,市场力量对利润效率的影响也可能不尽一致。

因此,研究市场力量与利润效率之间究竟存在何种关系,以及对比市场力量对配置效率、X 效率和利润效率的影响,对于综合评估厂商市场力量的影响非常重要。然而,目前国内外学术界对这一问题的研究寥若晨星,国外学者对这一问题的讨论仅限于银行业(Berger and Mester, 1997; Rogers, 1998; Maudos et al., 2002; Solis and Maudos, 2008),而没有对银行业之外的其他行业尤其是工业部门进行过研究。因此,本节拟采用最前沿的理论和方法,实证分析中国食品工业企业市场力量对利润效率的影响。

5.4.2　模型构建与数据说明

与 X 效率（成本效率）相对应，利润效率也可以作类似的推导。根据随机前沿理论，企业的利润边界函数为：

$$\ln(\pi_i + \theta) = f(y_i, \omega_i) - \ln u_i + \ln v_i \qquad (5.4.1)$$

θ 为一个正的常量，以保证转换后企业的利润为正，从而等式左边的对数才能成立。根据 Solís 和 Maudos(2008)，θ 的取值为所有企业中最大的利润亏损再加 1。[1]式(5.4.1)与式(5.3.2)不同之处在于，前者是加上一个利润无效率项，而后者则是减去一个成本无效率项。

所谓利润效率，是指企业 i 的利润相对于行业最优利润（最大的平均利润）的比率，即：

$$E_i^p = \frac{\pi_i}{\pi_{max}} = \frac{\exp[\pi(y_i, \omega_i)]\exp(\ln v_i)\exp(-\ln u_i) - \theta}{\exp[\pi(y_i, \omega_i)]\exp(\ln v_i) - \theta} \qquad (5.4.2)$$

当 $\theta = 0$ 时，利润效率函数与 X 效率函数的表达式是一样的。利润效率的取值范围也是介于 0 和 1 之间，因此，同样可采用 logistic 函数形式来构建利润效率影响模型：

$$\ln\left(\frac{\text{logistic}(E_{it}^p)}{1 - \text{logistic}(E_{it}^p)}\right) = \alpha + \beta_1 L_{it} + \beta_2 D \times L_{it} + \sum_{k=1}^{5} \gamma_k X_{it}^k \qquad (5.4.3)$$

与 X 效率模型相类似，各变量对利润效率的影响也可通过计算相应的弹性来进行评估，弹性公式参见第 5.3 节。

本节所采用的数据与上节基本一致，唯一的不同之处在于增加了企业的利润数据，数据来自《中国工业企业数据库》，相关的说明见上节"数据说明"部分。

---

[1]　这样的处理仅仅只是为了弥补理论上的漏洞，在实证研究中并不可取，即便给所有企业的利润都增加相同的值，但于利润函数而言，这会对参数的估计带来偏差。因此，本研究的实证估测部分不采用这一方法，而是直接根据观测到的企业利润和行业最大利润估算企业的利润效率，见公式(5.4.2)。

5.4.3　实证结果

首先,通过模型(5.4.2)可估测出各行业企业的利润效率,对模型(5.4.3)进行回归,可得到相应的参数估计值,结果见表 5.6。与第 5.3 节类似,采用 Hausman 检验判别模型的面板效应,检验结果见表 5.6 最后一行。为了尽可能地消除异方差,所有模型均采用异方差稳健回归分析法。

1. 市场力量对利润效率的影响

企业市场力量对利润效率的影响方向可根据 L 和 $D \times L$ 的系数估计值进行判断,而影响大小则需通过其弹性值来判断。[①]

第一,非国有企业。

表 5.6 中的结果显示,各行业 L 的系数都在 1‰ 的水平上显著,且均为正值,说明所有行业中非国有企业市场力量的增强都会明显提高其利润效率。从各行业的对比情况来看,非国有企业市场力量对利润效率影响最大的是甜菜糖加工业,弹性值高达 4.11;其次是豆油和甘蔗糖加工业,弹性值分别为 1.49 和 1.13 左右,意味着这三个行业中非国有企业的市场力量平均每增加 1‰,其利润效率分别会上升 4.11‰、1.49‰ 和 1.13‰。花生油加工业中非国有企业市场力量的弹性值约为 0.98,表明该行业中非国有企业市场力量平均每上升 1‰,其利润效率也会提高 1‰ 左右。而在大米加工业中,非国有企业的市场力量的弹性值非常小,仅为 0.07 左右,说明该行业中非国有企业的市场力量对其利润效率影响不大。

第二,国有企业。

$D \times L$ 的系数在四个行业(花生油、甘蔗糖、甜菜糖和大米)中也十分显著,除了花生油加工业外,其余三个行业中这一系数值为负,意味着在这三个行业中,相对于非国企而言,国企市场力量对利润效率的影响更小;而在花生油加工业中,国企市场力量对利润效率的影响比非国企更大。在不同行业中,国有企业市场力量

---

① 根据第 5.3 节中推导出的弹性公式,市场力量对利润效率的弹性同时取决于 L 和 $D \times L$ 的系数估计值、市场力量(勒纳指数)及利润效率的平均值,因而某些行业中市场力量弹性值的符号可能与其系数估计值不同。

表5.6 中国食品工业利润效率的影响因素分析

变量	烟草	豆油	花生油	菜籽油	甘蔗糖	甜菜糖	大米	面粉	猪肉	牛肉
L	0.024*** (0.008)	8.980*** (1.123)	5.955*** (0.937)	29.64*** (5.629)	10.71*** (1.192)	17.86*** (2.489)	18.425*** (0.864)	8.844*** (0.700)	38.636*** (2.530)	9.921*** (2.715)
$D \times L$	— (—)	1.149 (1.169)	6.610*** (1.482)	−5.709 (8.341)	−6.015*** (1.032)	−5.896*** (1.057)	−13.455*** (1.515)	2.532 (2.260)	−3.087 (4.349)	−5.870 (16.01)
$\ln(TA)$	0.257*** (0.037)	0.477*** (0.162)	0.423*** (0.139)	1.903*** (0.300)	0.428 (0.299)	1.824*** (0.246)	1.009*** (0.057)	1.005*** (0.061)	0.362*** (0.060)	0.261 (0.219)
$\ln(QTA)$	0.027 (0.034)	0.893*** (0.121)	0.736*** (0.283)	2.190*** (0.447)	0.360 (0.263)	2.344*** (0.335)	1.599*** (0.062)	1.373*** (0.064)	0.908*** (0.073)	1.118*** (0.168)
$XKTA$	−0.671*** (0.197)	−0.219*** (0.062)	−2.960*** (0.652)	−4.409*** (1.205)	−1.043*** (0.186)	−4.193*** (0.699)	−1.760*** (0.201)	−2.165*** (0.213)	−0.621 (0.457)	−3.6 (0.6)
$XLTA$	1.722** (0.698)	16 412 (13 793)	105 540*** (24 278)	83 051 (68 636)	16 509 (20 797)	−33 850 (22 678)	8 800*** (3 146)	0.013 (0.013)	−0.062*** (0.009)	−1.709*** (0.619)
$XMTA$	0.414 (0.555)	0.004 (0.054)	1.760* (0.972)	0.502 (0.494)	0.339*** (0.076)	0.679*** (0.142)	−0.035** (0.014)	2 677 (4 409)	4 439.2*** (1 405.5)	39 104.7*** (11 413.2)
$CONS$	−7.586*** (0.829)	−12.63*** (2.909)	−10.08*** (2.584)	−31.44*** (4.811)	−12.57** (5.270)	−36.28*** (4.587)	−21.44*** (1.00)	−21.54*** (1.045)	−10.484*** (1.043)	−4.374 (3.849)

续表

变量	烟草	豆油	花生油	菜籽油	甘蔗糖	甜菜糖	大米	面粉	猪肉	牛肉
样本量	1 374	843	231	119	1 063	203	4 377	5 073	1 661	273
R^2	0.246	0.388	0.475	0.564	0.358	0.609	0.402	0.201	0.343	0.469
弹性										
$L0$		1.486	0.978	0.519	1.133	4.107	0.065	0.261	0.467	0.549
$L1$	0.006	0.326	−1.094	−7.165	0.250	2.532	0.058	−0.782	−0.783	−0.164
TA	0.234	0.457	0.368	2.214	0.457	1.909	0.985	0.982	0.347	0.233
QTA	0.025	0.857	0.640	2.549	0.384	2.453	1.561	1.341	0.870	0.995
$XKTA$	−0.211	−0.080	−0.765	−1.861	−0.647	−1.591	−0.726	−0.978	−0.266	−1.324
$XLTA$	0.062	0.082	0.483	0.470	0.156	−0.284	0.077	0.044	−0.077	−0.605
$XMTA$	0.029	0.003	0.365	0.395	0.652	1.055	−0.094	0.025	0.076	0.312
面板效应	固定	固定	随机	随机	固定	随机	固定	固定	随机	固定

注:(1)*、***和****分别代表 10%、5%和 1%的水平上显著;(2)圆括号中为参数的稳健标准差;(3)弹性值的估计中,$L0$ 和 $L1$ 分别代表非国有和国有企业的市场力量。

对利润效率的弹性值符号和大小均存在较大差异,其中弹性值最大的是甜菜糖加工业,达到 2.53,意味着该行业国企市场力量平均每上升 1%,其利润效率会提高 2.53%;豆油和甘蔗糖加工业中这一弹性值相对较小,分别为 0.33 和 0.25;在所有弹性为正的行业中,最小的是烟草和大米加工业,弹性值均接近于 0,说明这两个行业中国企市场力量的增加对利润效率没有显著影响。

在花生油、菜籽油、面粉、猪肉和牛肉加工业中,国企市场力量的弹性为负,意味着这五个行业中国有企业市场力量越强,其利润效率就越低。值得注意的是,菜籽油加工业中这一弹性值达到 −7.17,表明在该行业中,国企市场力量平均每上升 1%,会导致其利润效率显著下降。

2. 控制变量对利润效率的影响

在所有控制变量中,企业总资产(TA)、单位资产的产出(QTA)及资本投入比率($XKTA$)在大部分行业中都比较显著。其中,所有行业中企业总资产对利润效率的影响均为正,影响最大的是菜籽油加工业,弹性值为 2.21;其次是甜菜糖加工业,弹性值为 1.91,意味着在这两个行业中,企业总资产平均每上升 1%,分别会促进其利润效率增加 2.21% 和 1.91%。因此,仅就利润效率而言,这几个行业的企业扩大规模是有利图的。这一结论与现实完全一致,企业扩大生产规模的直接动因就是为了获取更多的利润。

与总资产一样,所有行业中 QTA 对利润效率的影响也都为正,其中影响较大的三个行业分别是菜籽油、甜菜糖和大米加工业,弹性值分别为 2.55、2.45 和 1.56,意味着在这三个行业中,企业单位资产的产出平均每上升 1%,其利润效率分别会提高 2.55%、2.45% 和 1.56%。在其他行业中,这一影响比较小。这一结果符合实际情况,单位资产的产出水平越高,说明企业越能有效地利用自身资源生产出较多的产品,从而有利于提高其盈利能力。

与这两个变量不同的是,所有行业中企业资本投入比率的系数均为负,表明企业资本投入比率越高,其利润效率就越低。在菜籽油和甜菜糖加工业,资本投入比率的弹性最小,分别为 −1.86 和 −1.59,意味着在这两个行业中,企业资本投入比率平均每上升 1%,基利润效率会下降 1.86% 和 1.59%。可能的主要原因在于固定资本投资的周期比较长,回收比较慢,因而在短期内会给企业利润带来影响。

其他两个控制变量虽然在多数行业中均为正,但大多不太显著。前三个控制变量的效果较好,也就意味着,如果缺少这些控制变量,则市场力量对利润效率的影响结果会产生较大的偏差。由于这些控制变量并非本研究的重点,故此处不再进行深入探讨。

5.4.4　小结

本节通过采用随机前沿函数和 logistic 函数构建计量模型,首次实证分析了中国主要食品工业企业市场力量对利润效率的影响。主要研究结论包括:第一,大部分行业中企业市场力量的上升,会促进其利润效率的提高;第二,所有行业中国有企业市场力量对利润效率的影响均小于非国有企业,间接表明了非国有企业比国有企业更有效率;第三,不论是非国有企业,还是国有企业,甜菜糖、豆油和甘蔗糖加工业中企业市场力量对利润效率的影响都是较大的。

本节所使用的控制变量多数比较显著,而且与现实情况非常吻合,有利于保障模型的拟合效果。从目前学术界的研究进展来看,关于市场力量对利润效率影响的分析非常少,而且仅限于银行业,本节首次对工业部门这一问题进行了实证分析。由于工业部门在要素投入、产出特征及经济影响等方面与服务业相差较大,因而本节的某些结论与已有研究有所不同。此外,本节也是首次将国企和非国企进行区分,对比分析了两者市场力量对利润效率的影响。

尽管如此,本节在某些方面也有一定的局限性,比如仅分析了卖方市场力量对利润效率的影响,而忽略了买方市场力量,期待在以后的研究中不断改进。

5.5　市场力量对规模报酬和生产率的影响

规模报酬和生产率都是衡量厂商生产技术的重要指标。规模报酬反映的是厂商增加一定比例的要素投入所引起的产出增长,规模报酬递增或递减直接影响厂商的效益。在同一个行业中,规模报酬率高的厂商往往生产成本更低、效益更好,从而能够在竞争中处于优势地位;反之,规模报酬率低的厂商很容易被淘汰出局。生产率是指产出与投入的比率,用来衡量不同厂商或不同产业的技术水平差异。与规模报酬率一样,生产率也是决定厂商获利能力的重要指标。

基于长期盈利能力的考虑,厂商往往会采取各种手段来提高其规模报酬率和生产率,比如提升管理效率,增加固定资本、人力资本或技术的投资等。管理效率的改善,会增强要素的产出能力,从而提高厂商的规模报酬率和生产率,最典型的例子是国有企业改制。而厂商的管理效率往往又会受到市场力量的影响,Hicks (1935)在其"安逸生活假说"(见第 5.3 节)中指出,市场力量越强,企业的管理人员往往越"懒散",管理效率越低,从而导致其成本效率(X 效率)也就越低。因此,市场力量可能会间接地对厂商的规模经济和生产率产生影响。

5.5.1 文献回顾

很多研究都表明市场力量与规模报酬和生产率之间存在相关性(Shepherd, 1972;Morrison, 1990;Klette, 1999;Färe et al., 2012)。市场力量与规模报酬的相关关系不太确定,既可能存在正相关,又可能存在负相关。但只要市场力量与规模报酬之间存在相关性,那么规模报酬不变的假设条件就会使市场力量的估测结果产生偏差(Hyde and Perloff, 1996;Klette, 1999;Färe et al., 2012)。Klette (1999)指出,对规模报酬的估计与对市场力量的估计密切相关,高估规模报酬说明低估了边际成本,最终会高估市场力量。而早期很多研究在估测市场力量时都设定了这一假设条件(Hall, 1988;Bresnahan, 1989;Roeger, 1995;Perloff et al., 2007;Raper et al., 2007)。

从已有的文献来看,市场力量与生产率之间往往存在负相关性,即市场力量越强的企业,其生产率往往越低(Harrison, 1994;Nickell, 1996)。Klette(1999)指出,生产率的差异是决定企业增长和退出的决定性因素,而生产率又受市场力量

的影响,因而可以认为,市场力量会通过生产率间接地影响企业的增长和企业的
退出,进而影响行业的增长。作者的研究表明,拥有更高市场力量的企业往往生
产率较低,与 Nickel(1996)的研究结果接近。这说明缺乏竞争不仅会导致无效率
的价格设定,还会导致无效的生产率。对于这一点,也有学者从创新的角度进行
了解释,认为市场力量较强的厂商,可以比较容易地通过其垄断地位而攫取超额
利润,从而缺少创新和技术投资的动力(Arrow,1962;Scherer,1980;Acs and
Audretsch,1988;Geroski,1990;Blundell et al.,1995;Dean et al.,1998;Baldwin
et al.,2002)。

　　因此,如何来评估市场力量对规模报酬和生产率的影响显得十分重要,不仅
关系到理论方法的合理性,更是企业和政府有关决策的重要依据。然而,从已有
的研究来看,除了 Klette 外,很少有学者从这一角度进行过分析,更没有学者对中
国的工业包括食品工业展开了类似的研究。而正如第 3 章的实证研究结果显示
的,中国食品工业各行业中存在大小不一的市场力量,这些强弱不同的市场力量
在长期究竟会对食品企业的规模报酬和生产率产生怎样的影响? 在不同行业之
中,这些影响又存在怎样的差别? 本研究采用 Klette 的方法,首次以企业层级的
面板数据对中国食品工业中的这些问题进行实证分析,希望能为有关的理论研究
和政策分析提供参考。

5.5.2　模型构建与数据说明

1. 理论模型

Klette(1999)的模型是在 Hall(1988)的基础上推导出来的,首先假设企业的
生产函数为:

$$Q_{it} = A_{it}F_t(X_{it}) \tag{5.5.1}$$

其中,Q_{it} 和 X_{it} 分别代表企业 i 在第 t 年的产出和要素投入向量,A_{it} 代表不
同企业的生产率,$F_t(X_{it})$ 为生产技术的一部分,假设所有企业在这方面都相同,

并且随年份而变化。

基于多变量和广义中值理论,可以对生产函数进行转换,首先选择一个参照点对变量进行标准化,然后再取对数和离差[①]:

$$\hat{q}_{it} = \hat{a}_{it} + \mu_{it} \sum_{j \neq k} \bar{s}_{it}^j (\hat{x}_{it}^j - \hat{x}_{it}^K) + \eta_{it} \hat{x}_{it}^K \tag{5.5.2}$$

其中,带帽的小写字母为原变量经参照点标准化并取对数和离差后的变量,如 $\hat{q}_{it} \equiv \ln(Q_{it}) - \ln(Q_t)$,$Q_t$ 为代表性企业的第 t 年的产出,即参照点;$\mu_{it} = (1 - 1/\varepsilon_{it})^{-1}$,为价格与边际成本的比率,即价格—成本加成,是勒纳指数的变形,用来衡量市场力量;$\bar{s}_{it}^j = (\bar{W}_{it}^j \bar{X}_{it}^j)/(\bar{P}_{it} \bar{Q}_{it})$,代表要素 j 相对于总收益的成本份额;W_{it}^j 和 P_{it} 分别代表要素 j 的价格和产出的价格;$\hat{x}_{it}^K$ 和 $\hat{x}_{it}^j$ 分别代表资本和其他要素的对数离差;$\eta_{it} = \sum_{j \in M} \bar{\alpha}_{it}^j$ 为规模报酬弹性,而 $\bar{\alpha}_{it}^j$ 则代表要素 j 的产出弹性,变量上面带有短横杠(如 $\bar{\alpha}_{it}^j$)表明这一点是通过观测值和参照点之间的内点估计出来的,即 $\bar{\alpha}_{it}^j = \left[\dfrac{X_{it}^j}{F_t(X_{it})} \dfrac{\partial F_t(X_{it})}{\partial X_{it}^j} \right]_{X_{it}} = \bar{X}_{it}$。公式的推导过程详见 Klette(1999)。

由于企业之间的生产率差异具有较强的持续性,即存在固定效应,因而必须通过差分形式来消除这一固定效应。[②]$\hat{a}_{it}$ 代表企业生产率与参照企业的相对水平,可拆分成两部分:

$$\hat{a}_{it} = \hat{a}_i + u_{it} \tag{5.5.3}$$

其中,$\hat{a}_i$ 和 u_{it} 分别代表不随时间变化的固定效应和根据时间随机变化的随机误差项。因而,结合式(5.5.2)和式(5.5.3),并取一阶差分消除固定效应后可得:

$$\Delta \hat{q}_{it} = \mu \Delta \hat{x}_{it}^V + \eta \Delta \hat{x}_{it}^K + \Delta v_{it} \tag{5.5.4}$$

其中,$\hat{x}_{it}^V = \sum_{j \neq K} \bar{s}_{it}^j (\hat{x}_{it}^j - \hat{x}_{it}^K)$,带三角形的变量为相应变量的差分项,即

[①] 参照点为行业中在产出或要素投入方面具有代表性的企业,与 Klette(1999)一样,本研究选择每年行业产出中位值的企业作为参照点。

[②] 企业之间的生产率差异(如管理、人力资本等)与企业的产出规模(被解释变量)和要素投入(解释变量)等都存在正相关,因此,如果不消除这些固定效应,则模型很难得到一致估计(Klette, 1999)。

$\Delta z = z_{it} - z_{i, t-1}$。同时,误差项可表示为:

$$v_{it} = u_{it} + (\mu_{it} - \mu)\hat{x}_{it}^V + (\eta_{it} - \eta)\hat{x}_{it}^K \tag{5.5.5}$$

从上式可以看出,方程(5.5.4)的误差项 v_{it} 中不仅包含生产率的随机误差 u_{it},还包括不同企业之间的市场力量(价格—成本加成)和规模报酬率差异($\mu_{it} -$ μ 和 $\eta_{it} - \eta$)。

然而,由于企业的生产率与要素投入之间存在相关性[即(5.5.4)式中等号右边的第一项与后两项之间存在相关性],因而模型(5.5.4)不能用最小二乘法得到一致估计,而 GMM 方法能较好地克服这一缺陷,故本节采用 GMM 方法进行估计。由于资本和劳动与生产率的瞬时变化之间相关性比较弱,因而设定这两个变量为工具变量。本研究采用 Hansen 的 J 统计量来选择合理的工具变量组合(不同时期)。

根据模型(5.5.4),估计出来的价格—成本加成和规模报酬率对于整个行业中所有企业都是一样的,即估计出来的是行业的平均值。然而,如前文所提到的,不同企业由于规模、管理、研发等方面的差异,各自在市场力量和规模报酬上也会存在不同。因而,有必要对行业内部的市场力量、规模报酬和生产率的差异进行估测。此外,三者之间究竟存在怎样的相互影响关系? 这也是值得探究的重要问题。根据 Klette(1999),主要思路是构建线性回归模型来检验各自的方差和协方差:

$$\begin{aligned}(\hat{v}_{it}\hat{v}_{is}) &= \sigma_a^2 + \sigma_\mu^2(\hat{x}_{it}^V\hat{x}_{is}^V) + \sigma_\eta^2(\hat{x}_{it}^K\hat{x}_{is}^K) + \sigma_{a\mu}^2(\hat{x}_{it}^V + \hat{x}_{is}^V) \\ &\quad + \sigma_{a\eta}^2(\hat{x}_{it}^K + \hat{x}_{is}^K) + \sigma_{\mu\eta}^2(\hat{x}_{it}^V\hat{x}_{is}^K + \hat{x}_{it}^K\hat{x}_{is}^V) + e_{its}\end{aligned} \tag{5.5.6}$$

其中,当 $|t-s| > l$ 时,$E(e_{its} \mid \hat{x}_{it}^V, \hat{x}_{it}^K, \hat{x}_{is}^V, \hat{x}_{is}^K) = 0$;$\sigma_a^2$ 为生产率的方差,代表企业之间永久性的生产率差异;σ_μ^2 和 σ_η^2 分别为价格—成本加成和规模弹性的方差;$\sigma_{a\mu}^2$、$\sigma_{a\eta}^2$ 和 $\sigma_{\mu\eta}^2$ 则分别代表生产率、价格—成本加成和规模弹性两两之间的协方差。通过对线性模型(5.5.6)进行回归,可得到这些方差和协方差的估计值。

2. 数据说明

本节所使用的数据与第 3 章完全一样,为 1999—2011 年中国食品加工企业的面板数据,有关的数据说明参见第 3.2 节。

5.5.3 实证结果

1. 市场力量与规模报酬的估测

通过运用 Stata 12.1 软件中的 GMM 估计法对模型(5.5.4)进行估计,结果见表 5.7。从表中可以看出,各行业规模报酬率的参数都非常显著,Hansen 的 J 检验也表明模型的设定不存在明显的问题。

表 5.7 各行业规模报酬率估计结果

行　　业	规模报酬率	Hansen 的 J 统计量[3]
烟　草	1.149 *** (0.093)	0.569 [0.451]
豆　油	0.808 *** (0.131)	1.437 [0.231]
花生油	0.969 *** (0.045)	0.069 [0.792]
菜籽油	0.893 *** (0.088)	0.082 [0.775]
甘蔗糖	0.758 *** (0.043)	0.065 [0.799]
甜菜糖	0.729 *** (0.122)	0.172 [0.678]
大　米	0.957 *** (0.006)	0.011 [0.916]
面　粉	0.942 *** (0.028)	1.392 [0.238]
猪　肉	0.952 *** (0.018)	1.978 [0.160]
牛　肉	0.975 *** (0.026)	0.094 [0.759]

　　注：(1) ***、** 和 * 分别代表在 1%、5% 和 10% 的水平上显著；(2)规模报酬率的估计结果中,圆括号内为对应参数的异方差稳健标准差；(3)Hansen 的 J 统计量用于检验工具变量的过度识别问题,其原假设为工具变量不存在过度识别,方括号中为相应的 p 值。

估计结果表明,中国烟草加工业存在显著的规模报酬递增,规模报酬率约为1.15,即当烟企的资本、劳动力和烟叶等生产要素投入同时增加 1 倍时,卷烟的产出会增加 1.15 倍。这一结果与中国烟草加工业高度集中的规模化是相符的。而且自 20 世纪 90 年代末开始,中国加大了对烟草行业的结构调整力度。[①]

花生油、大米、面粉、猪肉和牛肉加工业的规模报酬率均接近于 1,几乎可以认为这几个行业存在规模报酬不变。而菜籽油和大豆油加工业的规模报酬率分别为 0.89 和 0.81,呈现出较弱的规模报酬递减特征。而甘蔗糖和甜菜糖这两个制糖行业的规模报酬率是最低的,分别仅为 0.76 和 0.73,这可能与中国制糖企业布局分散、竞争激烈的格局有较大关联。

2. 市场力量对规模报酬与生产率的影响

在一个产业中,不同企业之间由于生产规模、技术水平、人力资本结构以及产品特性等方面各有不同,因而各自的市场力量、规模报酬和生产率也存在一定的差异。通过对这些差异进行评估,可以为产业的结构调整、规模布局等提供一定的参考依据。从目前的研究进展看,方差是衡量这种差异最为流行的方法。一个产业中某一指标(如市场力量)的方差越大,说明该产业中企业在这方面(如市场力量)相差越悬殊。

除了同一指标之外,不同指标之间也可能会存在相互影响的关系。比如,在很多研究看来,市场力量与规模报酬和生产率之间就有一定的联系(Shepherd,1972;Morrison,1990;Klette,1999;等等),如何衡量这些关系显得非常重要,不仅是理论推导的核心基础,更是政策制定的重要参考,因此成为经济学研究的热点问题之一。在这方面,协方差为我们提供了一个较好的思路,协方差能反映两个变量之间相互影响的方向和大小。正的协方差代表两者之间存在正向的影响关系,反之亦然。协方差绝对值的大小,则反映了两者之间相互影响的程度。不

---

① 1998 年出台了《关于烟草行业卷烟工业企业组织结构调整的实施意见》,明确提出大力支持大企业、大集团发展的战略,调整重组 10 万—30 万箱的卷烟工业企业,关停并转年产卷烟规模 10 万箱以下的小烟厂;2001 年出台了《烟草行业"十五"计划》,进一步提出要按照壮大一批、扶强一批、搞活一批、淘汰一批的思路,加大烟企组织结构调整步伐;2003—2004 年,又相继出台了《10 万箱以下卷烟工业企业组织结构调整规划》《50—150 亿支卷烟工业企业组织结构调整意见》以及《关于进一步推动卷烟工业企业组织结构调整工作的指导意见》等文件(李保江等,2006)。这一系列兼并重组政策的出台,或多或少地促进了中国烟草加工业规模效益的提升。

足之处在于，协方差不能揭示两个变量的因果关系，只能根据经验常识以及经济学逻辑去判断。

为了估测出勒纳指数、规模报酬率和生产率的方差及协方差，Klette(1999)构建了一个计量模型[即模型(5.5.6)]。本研究采用这一模型，对中国食品工业的有关变量进行了回归分析，结果见表5.8。

表5.8 各参数的方差和协方差估计

行 业	σ_a^2	σ_μ^2	σ_η^2	$\sigma_{a\mu}^2$	$\sigma_{a\eta}^2$	$\sigma_{\mu\eta}^2$	$t-s=$	R^2
烟 草	0.036** (0.018)	4.541 (2.970)	0.077*** (0.027)	−0.607*** (0.231)	−0.067*** (0.026)	0.635* (0.248)	1	0.142
豆 油	0.041 (0.047)	0.044 (0.032)	0.029** (0.014)	0.008 (0.012)	−0.027** (0.011)	−0.033** (0.016)	2	0.109
花生油	0.015 (0.021)	0.118*** (0.005)	0.165*** (0.009)	0.001** (0.010)	−0.002** (0.014)	−0.168** (0.011)	1	0.988
菜籽油	0.019 (0.268)	0.057*** (0.008)	—(4) (—)	−0.021** (0.009)	−0.020** (0.008)	0.015* (0.009)	2	0.326
甘蔗糖	—(3) (—)	1.216* (0.712)	0.089*** (0.111)	−0.348* (0.193)	0.026 (0.057)	−1.066*** (0.160)	1	0.967
甜菜糖	0.239 (0.262)	—(3) (—)	1.279*** (0.325)	−0.144 (0.619)	0.196 (0.262)	−2.449*** (0.857)	1	0.982
大 米	0.002* (0.001)	0.059*** (0.003)	0.009*** (0.001)	−0.003* (0.0014)	0.001 (0.001)	−0.023*** (0.002)	2	0.885
面 粉	—(3) (—)	0.039** (0.011)	0.020*** (0.007)	−0.010*** (0.003)	−0.003* (0.002)	−0.006 (0.004)	1	0.625
猪 肉	0.005 (0.004)	0.040*** (0.004)	0.009*** (0.002)	−0.003 (0.002)	−0.005*** (0.002)	−0.006*** (0.002)	1	0.709
牛 肉	—(3) (—)	0.012*** (0.006)	0.025*** (0.002)	0.001 (0.003)	−0.002 (0.003)	−0.013*** (0.004)	3	0.835

注：(1)括号内的数值为上方参数的异方差稳健标准差；(2)***、**和*分别代表在1%、5%和10%的水平上显著；(3)方差估计值为负，且在5%的水平上显著；(4)方差估计值为负，但在10%的水平上不显著。

第一,企业生产率、市场力量和规模报酬率的差异。

首先,生产率的方差最大的是甜菜糖加工业,为 0.24,但并不显著;最小的是大米加工业,为 0.002,在 10％的水平上显著。这表明中国甜菜糖加工企业在生产率方面的差异较大,只是这种差异并不明显,可能的原因在于甜菜糖加工行中既存在一些实力雄厚、技术先进的大企业,又存在技术落后的小企业,但这两类企业的比例可能都比较小,因此,虽然行业内的生产率差异较大,但在统计上并不显著;而中国大米加工企业在生产率方面的差异则非常小,这跟大米加工的技术比较简单有较大关系,不论规模多大,大家采用的技术并没有显著的差异。

其次,市场力量(价格—成本加成)的方差估计值中最大的是烟草加工业,为 4.54,但不显著;甘蔗糖加工业也比较大,为 1.22,且在 10％的水平上显著;其他行业市场力量的方差估计值都比较小。由此可以看出,在中国烟草和甘蔗糖加工业内部,企业的市场力量存在较大的差异,既有市场力量非常强的企业,也有非常弱的企业。在这样的市场格局中,兼并重组的可能性很大,这也是近年来中国烟草加工业实行大规模兼并重组的重要原因。

再次,规模报酬率方差最大的是甜菜糖加工业,为 1.28,这与其生产率方差较大的结果类似;最小的是大米和猪肉加工业,仅为 0.009,三者均在 1％的水平上显著。这一估计结果意味着中国甜菜糖加工企业在规模报酬上存在显著的差异,一些技术条件较好的企业,能够通过追加要素投入来实现规模效益,而那些技术条件较差的企业,扩大生产规模所带来的效益较低。因而,在不考虑其他条件的情况下,技术条件好的企业如果实施产能扩张战略,则很可能将落后企业淘汰出局。大米和猪肉加工企业规模报酬差异较小也是比较符合实际情况的,这也是这两个行业中大量小规模企业存在的重要原因。

第二,企业市场力量对生产率和规模报酬的影响。

模型的估计结果显示,不同行业中市场力量对生产率和规模报酬的影响存在较大差异,包括影响方向和影响大小两方面。

首先,在多数行业中,市场力量与生产率的协方差均为负,而且大多比较显著。这意味着,在这些行业中,企业市场力量对生产率可能产生负向影响,市场力量的增强会降低企业的生产率。这与 Klette(1999)使用同样的方法对挪威制造业的研究结论相似，其估计结果表明，在挪威大多数制造业中，市场力量对生产率和规模报酬也分别产生负向和正向的影响。作者认为，市场力量较强的企业往往拥有较低的生产率。此外，Nickell(1996)在对英国 670 家企业进行相关的实证研究后也指出，市场力量不仅会带来无效率的定价行为，而且会减少企业提高生产效率的激励，而竞争往往与较高的全要素生产率联系在一起。Harrison(1994)也得出过类似的研究结论。当然，生产率反过来也可能会影响市场力量，这在第 4.5 节中已经讨论过，在此不再赘述。

其次，在烟草和菜籽油加工业中，市场力量与规模报酬率的协方差为正值，且都比较显著；而在其余行业中，这一指标均为负值，同样都非常显著（面粉加工业除外）。市场力量对规模报酬的影响可能包括两种情况：第一，企业市场力量的增强，有利于节约生产成本、改进生产技术和效率，从而促进规模效益的实现；第二，企业市场力量增强后，其提高管理和生产效率的激励下降，生产技术的下降，必然导致规模报酬递减。由此可以推断，中国烟草和菜籽油加工业应该属于第一种情况，而其他行业则属于第二种情况。

5.5.4 小结

目前，大多数估测市场力量的方法和模型都基于一个前提假设——规模报酬不变，主要原因在于降低模型推导的难度。但正如有些学者所指出的，规模报酬不变的假设条件会使得市场力量的估测结果产生偏差（Hyde and Perloff，1996；Klette，1999；Färe et al.，2012）。本节所采用的模型克服了规模报酬不变的缺陷，可以同时估测出企业的市场力量与规模报酬率。同时，这一方法还具有两方面优势，一是可以估测出同一行业中企业市场力量、生产率和规模报酬率的差异（方差），二是可以估测出市场力量与生产率和规模报酬率的关系（协方差），从而进一步可推断市场力量对企业生产率和规模报酬的影响。

本节采用中国食品加工业企业层级的面板数据，首先估测出各行业的规模报酬率,然后分析了企业市场力量对其生产率和规模报酬的影响。研究结果表明,除烟草加工业存在规模报酬递增外,其余行业均为规模报酬递减。在大部分行业中,市场力量对生产率和规模报酬均产生显著的负向影响,其中,市场力量对生产率产生负向影响,与国外一些学者的研究结论相同;而后者则由于国内外相关研究非常少,难以形成对比。

总体而言,本节是首次实证分析中国企业市场力量对其生产率和规模报酬的影响,大部分估计结果与现实比较吻合。但在方法上依然存在改进的空间,其一,模型仅考虑到卖方市场力量,而没有涉及买方市场力量,第 3 章的结论表明,大多数情况下企业的买方市场力量比卖方市场力量更强;其二,在分析市场力量对生产率和规模报酬的影响时,仅估计出两两之间的协方差,以此虽然能判断相关关系,但难以为为判断因果关系提供更多证据。希望在将来的研究中能够不断取得突破,使得模型越来越完善。

5.6 市场力量对技术效率的影响

5.6.1 文献回顾

在生产领域,厂商最主要的目标是要尽可能地减少浪费,在给定投入的条件下生产出最大的产出,或者在给定产出的条件下,使用最少的投入,这种避免浪费的能力就是技术效率(Kumbhakar and Lovell,2000)。通过改善技术效率,厂商可以提高产出水平或减少成本投入。有研究表明,技术无效率是厂商实际成本偏离最小生产成本的主要原因(Anandalingam and Kulatilaka,1987)。无论是提高产出能力还是降低生产成本,都与厂商的盈利能力密切相关。因此,对技术效率的关注在理论与实践层面都具有十分重要的意义,这也是过去半个多世纪以来,关于技术效率的文献大量涌现的一个重要原因。

市场力量是产业组织理论的核心概念，随着产业组织理论的不断发展，有学者开始关注企业市场力量对技术效率的影响。Shepherd(1986)最早提出了相对市场力量(Relative Market Power)假说，认为市场力量较强的厂商，可以更好地控制市场或者拥有较高的效率。在此基础上，Fiordelisi(2000)将相对市场力量假说中的效率分解为技术效率、配置效率和规模效率三种，从而扩充了这一假说。Mensi和Zouari(2010)进一步实证分析了市场力量对这三种效率的影响，发现虽然市场力量与技术效率之间存在正相关，但在统计上并不显著。此外，作者使用市场份额和集中度指标来度量市场力量也缺乏精确性。

从逻辑上来推断，拥有较强市场力量的厂商，可能会在生产规模、资金、人才和技术等方面有一定优势，从而在既有的要素投入水平下，能够生产出更多的产品，即技术效率较高；然而，假如"安逸生活假说"成立，则厂商市场力量越强，其在管理上可能越松懈，从而使得生产既定水平产出的投入上升，进而影响技术效率。当然，这仅仅是逻辑上的推断，由于文献的缺乏，很难对两者之间的关系形成直观的判断。

如上文所述，中国食品工业不同行业、不同企业之间的市场力量存在较大差别，由此而导致行业和企业之间在配置效率损失、X效率损失和利润效率损失等方面各不一样。而技术效率又是一个衡量企业产出能力的重要指标，究竟市场力量会对企业的技术效率产生何种影响，这关系到企业之间的竞争格局，对于综合评估市场力量对食品企业效率的影响也非常重要。而且，目前学术界对这一问题的研究基本空白。本节拟构建一个全新的理论框架和计量模型，以中国食品工业企业的面板数据来实证分析这一问题，既具有理论价值，又不乏实践意义。

5.6.2 模型构建与数据说明

技术效率是用来衡量企业或个人产出效率的一个重要指标，随机前沿函数的出现为计算技术效率提供了很好的工具。根据 Kumbhakar 和 Lovell(2000)，技术效率是指在观测到的样本中，每一个个体的产出与样本中最大产出之间的比率。

其计算公式为：

$$TE_i = \frac{y_i}{f(x_i;\ \beta)} \tag{5.6.1}$$

其中，y_i 为样本中个体的产出量，$f(x_i;\ \beta)$ 为样本中最大的产出量。当且仅当 $TE_i = 1$ 时，y_i 实现最大产出 $f(x_i;\ \beta)$。考虑到产出会受到某些随机冲击（如天灾人祸等）的影响，Kumbhakar 和 Lovell 又在模型中添加了一个随机冲击项 $\exp\{v_i\}$，即有：

$$TE_i = \frac{y_i}{f(x_i;\ \beta)\exp\{v_i\}} \tag{5.6.2}$$

然而，这一公式仅仅适合产品同质化非常高的行业，如农业生产中的粮食、禽畜产品，这些产品具有一个共同的特点，投入要素和产品价格等基本类似。只有在这样的情况下，通过比较各自（平均）产出水平才有意义。而对于产品同质化较弱的行业，如烟草加工业，不同企业（包括同一企业内部）生产的卷烟品牌、质量、价格等相差很大，对技术的要求也各不相同。因此，如果以传统的技术效率指标来衡量企业之间的技术效率差异，则会出现严重偏差。例如，两家企业的平均产出相同，但企业 A 生产的主要是质量较差、价格以及对技术要求都较低的低档产品，而企业 B 生产的主要是质量很好、价格以及对技术要求均较高的高档烟，显然，我们不能下结论认为这两家企业的技术效率是一样的。

因此，结合本研究的研究对象，此处对技术效率进行了修改，以平均的产出价值来计算技术效率，即以各企业单位资本的产出价值（产出价值/固定资产净值）与行业最高水平的比率来衡量技术效率：

$$E_i^T = \frac{(p_i q_i)/X_{k_i}}{\max[(p_i q_i)/X_{k_i}]} \tag{5.6.3}$$

这样，可以综合反映出不同企业在产出质和量两方面的差异。与 Kumbhakar 和 Lovell（2000）的定义类似，通过式（5.6.3）计算出来的技术效率值也介于 0 和 1 之间，E_i^T 的值越接近于 1，说明企业 i 的技术效率越大。当且仅当 $E_i^T = 1$ 时，企

业 i 的技术效率达到最大值 1，显然，市场上至少存在一家这样的企业。

对于技术效率影响因素的分析，同样可以借鉴之前 X 效率和利润效率的模型，采用 logistic 函数的形式：

$$\ln\left[\frac{\text{logistic}(E_i^T)}{1-\text{logistic}(E_i^T)}\right] = \alpha + \beta_1 L_{it} + \beta_2 D \times L_{it} + \sum_{k=1}^{5} \gamma_k \boldsymbol{X}_{it}^k \quad (5.6.4)$$

本节所采用的数据与上节基本一致，数据来源为《中国工业企业数据库》，相关的说明见上节"数据说明"部分。

5.6.3 实证结果

通过使用 Stata 12.1 软件对模型(5.6.4)进行估计，可得到相应的参数估计值，结果见表 5.9。与 5.3 节和 5.4 节类似，在模型估计前先采用 Hausman 检验判别面板效应，检验结果见表 5.9 最后一行。为了尽可能地消除异方差，所有模型均采用异方差稳健回归分析法。

1. 市场力量对技术效率的影响

在不同行业中，市场力量对企业技术效率的影响既有正向的，也有负向的。而且其显著程度也各不相同，总体上来看，显著的多于不显著的。从弹性值的估计结果中也可看出，市场力量对技术效率的弹性值在大小和符号上存在较大差异。说明在这些行业中，市场力量究竟对企业的技术效率产生何种影响，不能一概而论。

从国有企业和非国有企业的差别来看，除菜籽油、甜菜糖和大米加工业外，其余行业中非国有企业市场力量对技术效率的促进作用均大于国有企业，说明在这些行业中，拥有市场力量的非国有企业在技术上比国有企业更有效率；而在菜籽油、甜菜糖和大米加工业中，情况恰好相反。

第一，非国有企业。

模型估计结果表明，多数行业中非国有企业市场力量对技术效率的影响大多为正，而且大部分比较显著。然而，通过弹性值的估计结果发现，这种正向的影响

表 5.9　不同行业技术效率的影响因素分析

变量	烟草	豆油	花生油	菜籽油	甘蔗糖	甜菜糖	大米	面粉	猪肉	牛肉
L	0.166* (0.099)	0.644** (0.306)	0.416 (0.617)	−2.434* (1.426)	0.219 (0.498)	−4.388*** (1.369)	0.003*** (0.001)	−0.246 (0.276)	−1.538** (0.626)	1.418 (1.091)
$D \times L$	— (—)	−0.390 (0.322)	−0.424 (0.556)	2.582* (1.442)	−4.606*** (1.416)	−1.695 (1.458)	0.028 (0.070)	0.105 (0.307)	1.473** (0.600)	−1.575 (1.214)
$\ln(TA)$	0.449*** (0.044)	0.955*** (0.159)	0.428*** (0.132)	0.023 (0.123)	0.862*** (0.181)	−0.100 (0.315)	0.114*** (0.017)	0.812*** (0.049)	0.429*** (0.082)	−0.106** (0.044)
$\ln(QTA)$	0.227* (0.120)	0.926*** (0.105)	0.886*** (0.101)	0.870*** (0.136)	0.749*** (0.173)	0.003 (0.283)	0.965*** (0.018)	1.178*** (0.046)	0.994*** (0.055)	0.919*** (0.075)
$XKTA$	−3.096*** (0.849)	−0.195** (0.090)	−3.248*** (0.577)	−3.393*** (0.583)	−0.621*** (0.118)	−5.844*** (0.859)	−2.327*** (0.145)	−2.067*** (0.187)	−0.674 (0.489)	−4.149*** (0.471)
$XLTA$	7.434** (3.795)	44 184*** (12 660)	47 058* (26 890)	30 801 (33 030)	6 038 (3 787)	−42 600* (23 795)	1 963 (1 364)	8 417** (3 391)	2 200.7 (1 433.5)	9 142.7 (9 031.3)
$XMTA$	3.099** (1.399)	−0.123 (0.092)	0.752* (0.440)	0.392** (0.155)	0.232*** (0.052)	0.794*** (0.137)	0.021*** (0.006)	0.020 (0.012)	0.000 (0.008)	0.027 (0.172)
$CONS$	−8.273*** (1.971)	−19.35*** (2.903)	−7.257*** (2.400)	0.090 (2.116)	−19.68*** (3.077)	−0.841 (5.826)	−5.131*** (0.302)	−18.243*** (0.844)	−9.939*** (1.423)	2.700*** (0.834)

续表

变量	烟草	豆油	花生油	菜籽油	甘蔗糖	甜菜糖	大米	面粉	猪肉	牛肉
样本量	1 372	1 124	286	197	1 716	281	5 022	5 837	2 188	332
R^2	0.565	0.188	0.670	0.585	0.095	0.398	0.720	0.343	0.645	0.700
弹性										
$L0$	—	0.105	0.068	−0.031	0.021	−0.807	0.000	−0.007	−0.019	0.075
$L1$	0.034	0.008	0.001	−0.023	−0.215	−1.231	0.000	0.010	0.001	0.006
TA	0.347	0.904	0.370	0.018	0.827	−0.090	0.110	0.798	0.407	−0.089
QTA	0.176	0.877	0.768	0.666	0.720	0.003	0.931	1.158	0.941	0.775
$XKTA$	−0.826	−0.070	−0.837	−0.942	−0.347	−1.907	−0.949	−0.940	−0.285	−1.458
$XLTA$	0.227	0.217	0.215	0.115	0.051	−0.307	0.017	0.065	0.000	0.009
$XMTA$	0.186	−0.114	0.156	0.203	0.401	1.061	0.055	0.078	0.037	0.069
面板效应	固定	固定	固定	随机	固定	随机	随机	固定	固定	随机

注：(1) *、**和***分别代表在10%、5%和1%的水平上显著；(2)由于采用稳健回归分析法，故各参数下面括号中的标准差为稳健标准差；(3)弹性值的估计中，$L0$和$L1$分别代表非国有和国有企业的市场力量；(4)由于存在严重共线性，因而在猪肉产业中，$\ln(TA)$、$XKTA$和$XLTA$被剔除出模型。

比较弱,各行业中市场力量对技术效率的弹性值大都接近于 0,其中最大的豆油加工业也才 0.11。说明在这些行业的非国有企业中,市场力量的增加,并不会显著地提高企业的技术效率。

而与此相反,在菜籽油、甜菜糖、面粉和猪肉加工业中,非国有企业市场力量对技术效率均产生负向影响。对这四个行业的非国有企业而言,市场力量的上升虽然会促进 X 效率和利润效率的改善,但同时也会降低其技术效率。其中甜菜糖加工业这一弹性值达到 -0.807,意味着在甜菜糖加工行业中,非国有企业市场力量平均每上升 10%,会导致其技术效率下降 8.07%。

第二,国有企业。

虽然多数行业中国有企业市场力量对技术效率的影响为正,但弹性值都非常小(均小于 0.05),其中大米加工业中这一弹性值几乎为 0。意味着在这些行业中,国企市场力量的上升并不会对企业技术效率产生明显的促进作用。而在菜籽油、甘蔗糖和甜菜糖加工业中,国企市场力量的弹性均小于 0,分别为 -0.023、-0.215 和 -1.231。说明在这三个行业中,国企市场力量平均每上升 10%,其技术效率分别会下降 0.23%、2.15% 和 12.31%。

由此可以认为,就国有企业而言,市场力量的增强不仅不会明显提升技术效率,在某些行业中反而还会导致企业技术效率下降。

2. 控制变量对利润效率的影响

与第 5.4 节的估计结果类似,本节的控制变量中,企业总资产(TA)、单位资产的产出(QTA)、资本投入比率($XKTA$)及原材料投入比率($XMTA$)在大部分行业中都比较显著。其中,除甜菜糖和牛肉加工业外,其余行业中企业总资产对技术效率的影响均为正,影响较大的是豆油、甘蔗糖和面粉加工业,弹性值分别约为 0.9、0.83 和 0.80,意味着在这三个行业中,企业总资产平均每上升 10%,其技术效率分别会提高 9%、8.3% 和 8.0%;其余行业中这一弹性值较小,均在 0.5 以下。仅就技术效率而言,这几个行业的企业扩大规模是有利图的。

QTA 与技术效率看似都与企业生产能力有关,但两者根本不是一回事。前者是企业产出量与总资产的比率,衡量的是该企业单位资产的产出水平;而后者是指企业单位资本产出价值与行业内最高水平的比率，衡量的是企业在产出价值上的相对效率。前者仅仅涉及企业的产出量，而后者同时考虑到企业的产出量和产出价格。直观上来看，前者会影响后者，但后者的影响因素并不仅仅限于前者，还包括价格、企业的运营管理效率等。从表中可看出，QTA 的系数及弹性估计值在所有行业中都大于 0。说明在这些行业里，单位资产的产出水平会对企业的技术效率产生正向影响。

所有行业中 $XKTA$ 的系数估计均为负，而且都非常显著（猪肉加工业除外），说明资本投入比率与企业技术效率之间存在负相关。与此不同的是，$XMTA$ 的系数在大部分行业中都显著为正，说明在这些行业中，企业原材料投入比率的上升，会提高其技术效率水平。此外，劳动力投入比率的系数符号既有正的，也有负的。说明劳动力投入比率的增加对企业技术效率的影响因行业不同而有较大差别。

综合而言，控制变量在统计上的显著性较高，控制效果较好，有利于科学判断企业市场力量对其技术效率的影响。

5.6.4 小结

从已有的文献来看，关于市场力量对技术效率影响的研究不多，而且大多是理论探讨，实证分析非常少。而技术效率影响企业生存与发展的重要因素，较低的技术效率还会带来资源的浪费。企业在追求利润最大化过程中往往会采用多种不同的经营策略，比如薄利多销、市场垄断等。前者市场力量一般比较小，而后者往往伴随着较强的市场力量。因此，分析市场力量对企业技术效率的影响，就显得非常必要。

本节采用随机前沿函数和 logistic 模型，首次实证分析了中国主要食品工业企业市场力量对技术效率的影响。研究结果表明，不同行业中市场力量对企业技术效率的影响既有正向的，也有负向的。而且显著程度也各不一样，总体上来看，显著的多于不显著的。从弹性值的估计结果中也可看出，市场力量对技术效率的弹性值在大小和符号上存在较大差异。说明在这些行业中,市场力量究竟对企业的技术效率产生何种影响,不能一概而论。

从国有企业和非国有企业的差别来看,在一些行业(如豆油、花生油、甘蔗糖等)中非国有企业市场力量对技术效率的促进作用均大于国有企业,说明在这些行业中,拥有市场力量的非国有企业在技术上比国有企业更有效率;而在菜籽油、面粉和猪肉加工业中,情况恰好相反。本节所使用的控制变量多数比较显著,有利于保障模型的拟合效果。

本节虽然在方法和思路上具有一定的创新,但在某些方面也有一定的局限性,比如仅分析了卖方市场力量对利润效率的影响,而忽略了买方市场力量。期待在以后的研究中不断改进。

5.7　本章小结

本章实证分析了中国主要食品工业部门市场力量的影响,包括对纵向关联市场间价格传递、规模报酬、生产率、配置效率、X 效率、利润效率和技术效率等方面的影响。方法上以数理推导和计量回归为主,前者主要运用于推导价格传递模型和变量的弹性公式等,后者则用于对各节中的模型进行估计。数据上包括时间序列数据和面板数据,在第 5.1 节分析猪肉产业市场力量对价格传递的影响时,采用了 2001 年 1 月至 2010 年 12 月(共 120 个月)间几类禽畜产品的价格和进出口等方面的时间序列数据;在第 5.2—5.6 节中则采用了 1999—2011 年食品加工企业的面板数据。

本章首次较为全面和系统地对市场力量的影响进行了实证分析,此前虽有国外学者探讨了市场力量的各方面影响,但多限于定性分析或者案例分析(Shepherd,1972;谢泼德等,2009),很少运用到统计方法和计量模型。此外,本章的某些思路和方法在国内也是第一次出现,比如关于市场力量对价格传递的影响及所采用的模型、市场力量对规模报酬和生产率的影响及所采用的模型等。

除本章所研究的方面之外,市场力量可能还会产生其他影响,如 Morrison (1990)的研究表明,在美国的多数工业部门中,市场力量会导致产能过剩,并影响行业的经济效益。此外,也有学者对市场力量与通货膨胀之间的关系进行了探讨,认为市场力量与通货膨胀率之间存在负相关关系(Gali and Gertler,1999;Banerjee et al.,2007)。Head 等(2010)通过研究市场力量、价格调整和通货膨胀之间的关系,认为在一个随机的货币经济中,市场力量的内生波动可能会引起真实价格和名义价格对生产率和货币创造率随机波动的不完全反应。此外,Wang 和 Xin(2009)还分析了买方和卖方市场力量对农业收入份额的影响。作者指出,规模报酬和市场力量是影响农业收入份额的重要因素,而忽略两者的影响将会高估或者低估外生冲击对农业收入份额的影响。受数据和时间的限制,本研究不再展开讨论,希望在将来的研究中能进一步深入。此外,也有学者认为,市场力量会促进企业创新,市场力量较强的企业往往拥有相对雄厚的资金和先进的设备,具备较强的风险承受能力,更容易吸引优秀的人才(Schumpeter,1942;Scherer,1980;Nord and Tucker,1987;Cohen and Levin,1989;Hitt et al.,1990;Chandy and Tellis,2000)。

尽管在某些方面取得了一定的突破,本章在数据和方法上依然存在一些不足,期待在以后的研究中不断改进和完善。

第 6 章

结论与建议

本研究的主要目标不在于对各行业的实际问题展开细致的剖析,而在于对市场力量的有关理论与方法进行深入探讨和大胆尝试,以期为将来这方面的研究提供一个系统分析框架、一些前沿的方法乃至新鲜的视角。通过对中国食品工业市场力量的形成和影响进行分析,本研究在研究思路、研究方法和数据运用上取得了一些突破,同时也得到了一些有价值的结论。

6.1 本研究的结论

本研究的研究结论主要包括:

第一,在除植物油以外的行业中,企业在原材料收购环节和产品销售环节都具有较强的买方和卖方市场力量,而且买方市场力量比卖方市场力量更大。豆油、花生油和菜籽油加工企业的卖方市场力量为负,其主要原因可能在于行业产能过剩、竞争激烈,加之进口压力较大。此外,豆油和花生油加工企业的买方市场力量也为负。

第二,广告、研发、职工培训等投入费用,以及长期投资和税收等变量对市场力量的影响在不同行业中存在较大差异,既有正向影响,又有负向影响;而补贴、存货和国有控股对所有行业中企业的市场力量基本上都产生负向影响。

第三,中国猪肉产业价格传递存在明显的不对称性,疫病对猪肉零售价格的冲击要大于其对生猪收购价格的冲击；中国猪肉零售商拥有一定的市场力量，这是导致猪肉产业价格传递不对称的一个重要原因；不同类型的安全事件冲击对猪肉价格及其传递的影响方向和大小不尽一致。

第四，市场力量会带来一定程度的配置效率损失，由于各行业市场力量相差较大，相应的配置效率损失也不尽一致；在不同行业中，企业市场力量与配置效率损失之间基本上呈现出正相关关系，市场力量越大，配置效率损失也越高（甜菜糖加工业除外）。

第五，大部分行业中，企业市场力量的增强会促进 X 效率的提升，拒绝了"安逸生活假说"；所有行业国企市场力量对 X 效率的影响均小于非国企，一定程度上反映出国企效率较非国企低。

第六，大部分行业中企业市场力量的上升，会促进其利润效率的提高；所有行业国有企业市场力量对利润效率的影响均小于非国有企业，间接表明了非国有企业比国有企业更有效率。

第七，在本研究所讨论的食品工业中，除烟草加工业存在规模报酬递增外，其余行业均为规模报酬递减；在大部分行业中，市场力量对生产率和规模报酬均产生显著的负向影响。

第八，不同行业中企业市场力量对技术效率的影响既有正向的，也有负向的，而且显著程度也各不一样，总体上来看，显著的多于不显著的。说明市场力量究竟对企业的技术效率产生何种影响，不能一概而论。

6.2 本研究的政策建议

在现实生活中，每家企业都具有不同程度的市场力量，或正或负，或大或小。本研究表明，不同行业中企业市场力量的来源相差较大，市场力量所带来的影响也千差万别。如何合理有效规范企业的生产经营行为，限制企业市场力量过大，是中国反垄断政策和市场管理政策的重要内容。结合中国食品工业的实际情况，本研究提出以下几点政策建议：

第一，完善相关法律法规，并严格执行。健全的法律法规体系是市场经济的重要保障，合理规范企业的生产经营行为必须在法律法规的框架下进行。2007 年 8 月 30 日，十届全国人大常委会第二十九次会议通过了《中华人民共和国反垄断法》(下称《反垄断法》)，并于 2008 年 8 月 1 日起施行，至今已有 6 年。《反垄断法》的施行为中国政府开展反垄断实践提供了坚实的法律保障，各级政府依此查处了大量违法的垄断行为，为营造良好的市场秩序起到了积极的作用。

当前，中国市场化进程正在加快推进，十八届三中全会提出了要发挥市场在资源配置中的决定性作用，而规范市场经营秩序是促进市场化改革的前提。为此，必须密切结合市场的实际情况和问题，进一步完善反垄断法律法规，使各种垄断行为都逃不出法律的大网。同时，要大力提升执法监督水平，严格执行已有的法律法规。对于滥用市场支配地位牟取暴利的行为，要坚决予以打击。只有真正做到"有法可依、有法必依、执法必严、违法必究"，才能对扰乱市场秩序的不法分子形成强大的震慑，为社会主义市场经济保驾护航。

第二，营造公平有序的竞争环境。本研究的结果表明，非国有食品企业凭借市场力量带来效率的提升(损失)要高于(低于)国有食品企业，一定程度上反映出非国有食品企业比国有食品企业更有效率。因而，有必要采取措施来提升国有食品企业的生产经营效率，并合理规范国有食品企业的市场力量。要努力营造公平有序的竞争环境，对国企和非国企一视同仁，使两者真正实现公平竞争。这对于建立健康的市场经济至关重要。

此外，由于不同食品行业中的情况各不一样，因而有关政策措施的制定必须结合不同行业的具体情况，包括产品特性、行业结构、竞争状况等，不能千篇一律。

第三，注重对全产业链的综合治理。食品工业的一个重要特点在于，产业链比较长，涉及的环节和利益相关者较多。一般而言，食品工业上游连接着农业生产者，中间是企业，下游连接着消费者。任何一个环节都非常重要，这也是食品工业历来备受关注的主要原因。而且，本研究表明，企业在上游要素市场上的买方市场力量都要大于其在下游产品市场上的卖方力量。因此，监管部门既要合理规范企业在产品销售市场上的经营活动，更要严防企业在原材料（尤其是农产品）收购市场上的垄断行为。前者关系到广大消费者的切身利益，后者则与亿万农民收入的增长密切相关。只有以全产业链的视角来治理食品工业的市场秩序，才能实现理想的效果。

第四，灵活运用补贴和税收等政策工具，促进食品产业健康可持续发展。补贴和税收是政府用以调整产业结构、促进产业健康发展的重要工具。从本研究的结果来看，补贴主要在大米和面粉加工业中比较显著，分别对两个行业中企业的市场力量产生负向和正向影响，而税收则对烟草和豆油加工企业市场力量产生显著的正向影响。因而，在运用这两种工具时，要具体问题具体分析、具体行业具体对待。防止过度增加企业的市场力量，以免造成大量的社会福利损失。

第五，科学制定价格调控政策，防止食品价格大起大落。本研究对猪肉产业价格传递的研究表明，中国猪肉产业价格传递存在明显的不对称性，疫病对猪肉零售价格的冲击要大于其对生猪收购价格的冲击。同时，猪肉零售商拥有一定的市场力量，这是导致猪肉产业价格传递不对称的一个重要原因。此外，不同类型的安全事件（如蓝耳病、猪流感、瘦肉精事件等）冲击对猪肉价格及其传递的影响方向和大小不尽相同。因此，猪肉（食品）价格调控政策的制定必须紧密结合产业特征，合理区分价格波动的原因。对于影响（生猪）供给的冲击（如蓝耳病），要加大对市场（猪肉）的投放；对于影响（猪肉）需求的冲击（如猪流感和瘦肉精事件等），则应在质检、舆论引导等方面采取有效应对措施。猪肉只是食品工业中的一个特例，其他食品价格的调控也应该在认真调查和科学研究的前提下进行。只有遵循规律，因势利导，才能有效防止食品价格大起大落，切实保障消费者和生产者的利益。

总体而言，对食品企业市场力量的规范政策要综合全面的考量，根据具体行业、具体问题进行具体分析。尽管市场力量对企业的利大于弊，但对消费者和农民却不见得如此，对整个社会福利的影响又有所有同。因此，有关部门在制定和执行市场监管政策时，不能简单地站在某一个利益主体的立场上，不能片面地考虑某一个产业链条的情况。只有坚持以整体利益最大化为出发点和落脚点,才能制定出合理有效的政策措施,最终才能促进中国食品工业健康可持续发展。

6.3 本研究的主要贡献和缺陷

本研究的主要贡献包括研究思路、研究方法和研究数据三大方面:

在研究思路上,本研究构建了一个系统性的分析框架:首先,使用前沿方法同时估测出各行业的买方和卖方市场力量;其次,构建计量模型,实证分析了影响企业市场力量形成的主要因素;最后,通过计量方法从六个角度对市场力量的影响进行了全面的分析。这一框架突破了已有相关研究散乱、不成体系的缺陷,首次将市场力量的估测、形成因素分析和影响分析融合到一起,基本上囊括了关于市场力量研究的各主要方面。

在研究方法上,本研究主要采用数理推导和计量工具,先依据经济学理论和权威文献推导出相关的模型,再通过计量方法对模型进行回归分析。首先,第 3 章在估测食品企业市场力量时,采用了原始—对偶索洛余值法,这一方法的最大优点在于可同时估测企业的买方和卖方市场力量。其次,第 4 章在现有理论和文献的基础上,构建了一个随机前沿成本模型和边际成本模型,分别用于估测企业的成本函数和边际成本,并根据推导出的勒纳指数的公式,进一步估测出企业的市场力量,在此基础上构建了一个双对数模型,对影响市场力量形成的因素进行了实证分析。最后,第 5 章在分析市场力量的不同方面的影响时,采用了不一样的方法。其中,第 5.1 节先从理论上推导出一个非对称价格传递模型,再采用 VAR、VEC 和脉冲响应分析法等计量工具对模型进行了回归分析;第 5.2 节同样先推导出 NEIO 模型和 AEL 模型,再采用非线性联立方程组估计法估测出 NEIO 模型的有关参数,然后将参数值代入 AEL 模型中估测出企业的配置效率损失;第 5.5 节也是先推导出一个可同时估测市场力量、生产率和规模报酬的理论模型,再通过 GMM 估计法对模型进行回归分析;而第 5.3、5.4 和 5.6 节方法基本相似,先根据随机前沿成本(或生产)函数推导出 X 效率、利润效率和技术效率的计算公式,然后采用 logistic 函数形式建立计量模型。在这三章的模型中,加入一个关于企业产权性质的虚拟变量,从而区分了国有控股和非国有控股两类企业市场力量对其效率的影响。

第三,数据运用上,本研究在估测企业市场力量、分析市场力量的形成因素以及讨论市场力量对除价格传递之外的影响时,均采用了企业层级的面板数据。与传统行业加总的年度时间序列数据相比,该数据样本量大,能较好地反映不同企业之间的结构、行为和绩效差异,因而模型的估计效果整体上比较理想。

同时,在第 5.1 节分析市场力量对价格传递的影响时,由于价格问题的特殊性,必须通过时间序列数据进行分析。因此,本研究采用了月度时间序列数据,并以各类食品安全事件的新闻报道数量作为外生冲击的替代变量,较好地解决了外生变量的选取难题。

受主客观因素的限制,本研究依然存在一些不足,主要包括:其一,模型上的缺陷,如第 3 章中的模型假设规模报酬不变,这一点并不完全符合实际情况,模型估测出来的结果可能会存在一定的误差。但为了能同时检验和估测买方和卖方市场力量,本研究进行了一定的取舍。其二,第 4 章分析市场力量形成的模型中,由于数据无法获取,导致遗漏了个别重要的解释变量,致使模型拟合效果不太理想。好在模型的目的不在于进行预测,而主要是为了分析各解释变量对市场力量的影响方向和大小,因此模型的估计结果仍可用于相关的分析和推断。第 5 章分析市场力量影响的模型中也存在类似问题。其三,第 4 章和第 5 章仅对卖方市场力量(产品市场)的形成与影响进行了研究,而没有探讨买方市场力量(要素市场)的情形。其四,受时间和知识水平所限,对部分实证分析的结果缺乏深入探讨。这些都是日后研究需要改进的地方。

总体而言,市场力量的相关研究领域仍有大量课题需要进行深入探讨,希望将来在这方面能不断取得新的成果。

附表 1　卖方市场力量估测结果——NEIO 模型

作　者	行业与结果 [a]	备　注
Bresnahan(1981a)	汽车：次紧凑型(0.061)、紧凑型(0.085)、中等型(0.119)、大型(0.215)	美,1977—1978 年 [b]
Appelbaum(1982)	烟草(0.676)、橡胶(0.056)、纺织(0.067)、电气机械(0.196)	美,1947—1971 年
Roberts(1984)	炒咖啡(0.061)	美,1972 年
Schroeter(1988)	牛肉(0.022)	美,1951—1983 年
Azzam 等(1990)	牛肉和猪肉加工(0.460)	美,1959—1982 年
Morrison(1990)	制造业整体(0.158)、食品及相关产品(0.226)；纺织品(0.206)；服装及其他纺织品(0.221)；纸及相关产品(0.245)；印刷与出版(0.266)；化学及相关产品(0.378)；石油和煤炭类(0.174)；橡胶及其他塑料产品(0.165)；木材及木制品(0.320)、家私及家具(0.161)；黏土及玻璃(0.176)；原料金属行业(0.204)；金属制品业(0.152)；机械(0.246)；电器及电子机械(0.186)、仪器及相关产品(0.241)、运输设备(0.234)	美,1950—1986 年
Schroeter 和 Azzam(1990)	牛肉和猪肉加工(0.047)	美,1981—1986 年

续表

作 者	行业与结果[a]	备 注
Hazilla(1991)	食品工业(0.104)、烟草工业(0.279)	美,1958—1974年
Barnett 等(1995)	卷烟(0.372)	美,1955—1990年
Bhuyan 和 Lopez(1997)	肉类加工(0.415)、香肠及肠肉(0.210)、禽蛋产品(0.392)、霜形黄油(0.500)、奶酪(0.254)、炼乳及消毒乳(0.593)、冰激淋(0.332)、液态奶(0.236)、罐头特产(0.116)、水果和蔬菜罐头(0.242)、干果和干菜(0.081)、腌酱(0.530)、面粉和谷物磨制(0.679)、谷物(0.717)、大米加工(0.109)、宠物食品(0.115)、饲料加工(0.448)、面包及烘焙食品(0.219)、精制糖(0.330)、糖果和甜点(0.160)、巧克力和可可(0.211)、口香糖(0.147)、棉籽油(0.147)、大豆油(0.516)、植物油(0.278)、动物和海产品油脂(0.296)、精油和食用油(0.388)、麦芽酒(0.489)、葡萄酒和白兰地(0.228)、蒸馏酒(0.571)、软饮料(0.595)、香料(0.184)、鲜鱼加工(0.092)、炒咖啡(0.507)、制冰(0.380)、通心粉和意面(0.170)、香烟(0.426)、雪茄(0.422)、口嚼烟和斗烟(0.313)、摘茎烟(0.317);食品工业加总(0.334)、(0.330)、烟草工业加总(0.369)、食品和烟草工业加总(0.334)	美,1972—1987年
Genesove 和 Mullin(1998)	精炼食糖(以需求弹性调整:0.11;未调整:0.05)	美,1890—1914年
Raper 等(2000)	烟草加工(0.0015)	美,1977—1993年
Lopez 等(2002)	肉类加工(0.099)、香肠及肠肉(0.144)、禽蛋产品(0.106)、奶酪(0.094)、干乳、炼乳及消毒乳(0.197)、冰激淋和水果甜点(0.097)、液态奶(0.200)、罐头特产(0.125)、水果和蔬菜罐头(0.118)、干果和干菜(0.086)、酱菜及酱油等(0.815)、早餐谷物食品(0.182)、大米加工(0.252)、面粉及生面团(0.063)、湿玉米磨粉(0.090)、甜菜糖(0.215)、冰糖及糖果(0.035)、大豆油(0.201)、麦芽酒(0.090)、葡萄酒和白兰地(0.417)、制冰(0.147)、饲料加工(0.087)、蔗糖(0.178)、巧克力和可可(0.272)、植物油(0.198)、动物和海产品油脂(0.503)、精炼蔗糖(0.058)、棉籽油(0.204)、糖浆(0.286)、炒咖啡、通心粉和意面(0.241)、食品工业加总(0.329)	美,1972—1992年

154

续表

作　者	行业与结果[a]	备　注
Ji and Chung(2010)	牛肉加工（0.090 6）	美，1977—1993 年
Hovhannisyan 等（2012）	液态奶（其他国内品牌：0.009）	美，2001—2006 年
郝冬梅、王秀清（2003）	烟草（0.962—0.982）	中，1985—1999 年
司伟（2005）	食糖（0.159—0.499）	中，1983—2002 年
赵扬（2008）	食用植物油（0.320—0.999）	中，1983—2002 年
朱俊峰（2008）	烟草（0.65—0.85）	中，1985—2004 年
蔡海龙（2010）	烟草（0.55—0.94）	中，1985—2004 年

注：(a) 圆括号内为行业勒纳指数估测值，为了便于比较，一些文献中所使用的价格—成本加成指标（P/MC）均被换算成勒纳指数值；(b)b 代表研究的国别及时期。

附表 2　卖方市场力量估测结果——索洛余值法

作　者	行业与结果	备　注
Hall(1988)	一位数行业：建筑业（0.545）、耐用品（0.514）、非耐用品（0.677）、运输与公共设施（0.687）、贸易（0.736）、金融，保险和房地产（0.697）、服务业（0.464）；两位数行业：食品及相关产品（0.811）、烟草加工（0.638）、纺织品（0.612）、服装及其他纺织品（-0.213）、木材和木制品（0.445）、家私及器具（0.494）、造纸及相关产品（0.731）、印刷和出版（0.930）、化学及相关产品（0.950）、石油和煤炭产品（1.007）、橡胶和其他塑料产品（0.337）、皮革及皮革产品（0.524）、石材，陶及玻璃制品（0.606）、原料金属业（0.540）、金属制品（0.393）、除电器外的机械制品（0.300）、电器和电子设备（0.676）、仪器及相关产品（0.284）、其他制造业（0.777）、通信（0.972）、供电，供气及清洁服务（0.921）、汽车及相关设备（0.433）、其他交通设施（0.053）、交通（0.749）、批发贸易（1.271）、零售贸易（0.575）	美，1953—1984；首创索洛余值法

续表

作者	行业与结果	备注
Domowitz 等 (1988)	食品及相关产品 (0.307)，烟草制品 (0.481)，纺织品 (0.258)；服装及木材制品 (0.287)；家具类 (0.391)；纸及相关产品 (0.322)；印刷与出版 (0.547)；化学及皮革产品 (0.349)；石材和煤炭类 (0.320)；橡胶及其他塑料产品 (0.357)；皮革及皮革产品 (0.238)；石材、黏土、玻璃及混凝土产品 (0.432)；原料金属行业 (0.266)；金属制品业 (机械及运输设备制造除外)(0.394)；机械 (电机除外)(0.378)；电器及电子机械、设备及供应 (0.399)；运输设备 (0.259)；仪器及相关产品 (0.516)	美，1953—1984；改进 Hall 模型
Kamerschen 和 Park(1993)	食品及相关产品 (0.313)，烟草制品 (0.123)，纺织品 (0.193)；服装及其他纤维类制成品 (0.107)，伐木及木材制品 (家具除外)(−0.156)，家具类 (0.167)，纸及相关产工品 (0.35)，印刷、出版及其他相关产品 (0.097)，化学及皮革产品 (0.417)，炼油及相关工业 (0.496)，橡胶及其他塑料产品 (0.249)，皮革及皮革行业 (0.158)，石材、黏土、玻璃及混凝土产品 (0.275)，原料金属行业 (0.375)，金属制品业 (机械、设备制造除外)(0.189)，机械 (电机除外)(0.213)，电器及电子机械、设备及供应 (0.189)，运输设备 (0.217)	美，1958—1981；改进 Hall 模型
Roeger(1995)	建筑业 (0.31)，耐用品 (0.31)，非耐用品 (0.32)，食品及相关产品 (0.33)，烟草加工 (0.64)，纺织品 (0.26)，服装及其他纺织品 (0.13)，木材和木制品 (0.43)，家具 (0.22)，纸及相关产品 (0.36)，印刷和出版 (0.29)，化学品 (0.53)，橡胶和塑料产品 (0.27)，皮革及皮革产品 (0.16)，石材、陶及玻璃制品 (0.37)，原料金属业 (0.37)，仪器及相关设备 (0.26)，汽车及相关金属制品 (0.25)，除电器外的机械制品 (0.29)，电器和电子设备 (0.68)，汽车及相关设备 (0.32)，其他制造业 (0.38)，供电、供气及清洁服务 (0.52)，其他交通设施 (0.18)	美，1953—1984；首创原始—对偶索洛余值法
Martins 等 (1996)	食品 (0.048)，纺织品 (0.074)，衣服 (0.091)，皮革产品 (0.074)，鞋类 (0.074)，木材产品 (0.160)，家具 (0.180)，印刷与出版 (0.057)，塑料产品 (0.065)，非金属矿产品 (0.153)，金属产品 (0.083)，金属与设备 (0.206)，机器与设备 (0.057)，摩托车及自行车 (0.115)，专业商品 (0.083)，其他制造业 (0.074)，纸浆及纸浆产业 (0.099)，陶瓷产品 (0.083)，玻璃产品 (0.145)，纸制品 (0.091)，钢铁 (0.123)，有色金属 (0.306)，烟草产品 (0.359)，炼油 (0.029)，化工原料 (0.153)，药品 (0.306)，无线电、电视及通信设备 (0.286)，机动车辆 (0.083)	美[a]，1970—1992；以 Roeger(1995)方法为基础

续表

作　者	行业与结果	备　注
Klette(1999)	纺织品(0.045)、服装(0.060)、木材产品(0.072)、家具(0.049)、印刷品(0.070)、化学产品(-0.029)、塑料(0.049)、矿产品(0.041)、金属产品(0.081)、电气设备(0.051)、运输设备(0.028)、机械(-0.001)、纸(0.080)、印刷品(-0.541)	挪威，1980—1990；改进Hall模型
Felipe等(2002)	制造业整体(以增加值为基准:0.720;以总产值为基准:0.298)	美，1958—1991；改进Hall模型
Kee(2002)	食品(0.412)、饮料(0.083)、烟草(101.000)、纺织品(0.333)、衣服(0.438)、皮革(0.174)、鞋类(0.187)、木材(-0.111)、家具(0.130)、纸(0.206)、印刷(0.355)、化工原料(0.733)、化学产品(0.781)、石油(0.831)、天然橡胶(-0.163)、橡胶产品(0.270)、塑料产品(0.476)、玻璃(0.405)、黏土(0.507)、水泥(0.708)、混凝土制品(0.664)、矿产品(0.107)、基本金属(2.266)、有色金属(0.459)、金属制品(0.367)、机械(0.663)、电气(0.107)、电子设备(0.537)、运输设备(0.333)、科学仪器(0.099)、其他(0.390)	新加坡，1974—1992；改进Hall模型
Badinger and Wien(2004)	整个制造业(0.255)、食品(0.255)、饮料及烟草(0.374)、纺织品、皮革及鞋类(0.258)、木材、木及软木制品(0.407)、纸浆、纸制品、印刷及出版品(0.278)、化学及化工产品(0.388)、橡胶及塑料产品(0.344)、其他非金属的矿物产品(0.310)、基本的金属制品(0.302)、机械及相关设备(0.292)、电器及光学仪器(0.291)、运输设备合金产品(0.372)、其他不另分类的制造业(0.279)、酒店及餐馆(0.213)、运输、仓储及通讯(0.195)、金融中介(0.249)、房地产、租赁及商业活动(0.252)	欧盟[b]，1981—1992；以Roeger(1995)的方法为基础
	整个制造业(0.198;纸浆、纸制品、印刷及出版品(0.359)、基本的金属及合金产品(0.227)、酒店及餐馆(0.264)、房地产、租赁及商业活动(0.238)	欧盟，1993—1999；方法同上
Boyle(2004)	食品(0.004)、纺织品(0.015)、衣服(0.007)、木材及木制品(0.002)、纸浆和纸制品(0.003)、印刷和媒介(-0.002)、化学品(0.005)、橡胶及塑料(0.002)、其他非金属(0.005)、金属制品(0.009)、机械及设备(0.002)、电气设备(0.003)、无线电、电视和通讯设备(0.005)、医药及光学仪器等(-0.002)、机动车(0.005)、其他运输设备(0.003)、家具(0.018)	爱尔兰，1991—1999；改进Hall和Roeger方法

续表

作　者	行业与结果	备　注
Roeger 等（2004）	电力市场（1994 年：0.29；1999 年：0.22）	欧洲，1994—1999；方法同上
Raper 等（2007）	卷烟制造（0.12）	美，1977—1993；改进原始—索洛余值法
	卷烟制造（0.51）	美，1977—1993；改进原始—对偶索洛余值法
戴家武 等（2011）	烟草加工（0.86）	中，1985—2007；原始—对偶索洛余值法

注：（a）原文共估测出 14 个国家不同行业的市场力量。限于篇幅，本研究仅列出美国的情况，关于其他 13 个国家（日、意、英、加、澳、比、丹、荷、挪、瑞典）详见 Martins 等（1996）；（b）包括当时欧盟 10 个成员国（表中市场力量为 10 国平均值，各国的具体值参考 Badinger 和 Wien（2004）。

附表 3　卖方市场力量估测结果——其他方法

作　者	行业与结果	备　注
Chirinko 和 Fazzari（1992）	服装及其他纤维类制成品（0.017）、造纸（纸板，建筑纸和纸浆除外）（−0.126）、各种交通工具的轮胎及内胎（0.051）、炼钢（高炉及轧钢）（−0.056）、油田机械及设备（0.093）、麦芽饮料（0.309）、纺织品（0.159）、报纸，印刷及出版（0.298）、人及动物用的医药制剂（0.377）、化妆品，香水及其他卫生间用制剂（0.451）、机动车零配件（不包括整车）（0.257）	美，1973—1986
Basu 等（1994）	制造业整体（0.074）	美，1953—1984
Wolfram（1999）	电力现货市场（以产量为权重的加权平均值：0.248（1993 年 3 月以前；0.264（1993 年 3 月至 1994 年 3 月）；0.262（1994 年 3 月之后））	英，1992—1994 中的 18 个月

续表

作　者	行业与结果	备　注
Ahn 等(2009)	乳制品(政治的市场力量ª:0.07)	美,2000
Kumbhakar 等(2012)	锯木业(半正态分布:0.115;指数分布:0.082)	挪威,1974—1991

注:(a)相关盂利盂集团通过制定政策,使得生产者所具备的市场力量。

附表 4　买方市场力量估测结果

方法	作　者	行业与结果 [a]	备　注
NEIO模型	Raper 等(2000)	烟草加工(0.48)[b]	美,1977—1993;可同时估测买方和卖方市场力量
非参数法	Ji 和 Chung(2010)	牛肉加工(0.1119)	美,1977—1993
	Love 和 Shumway(1994)	无技术进步且供给不变:为 3.260(0.6)[c]、0.998(1.0)和 0.539(1.5);无技术进步且供给可变:为 3.502(0.6)、1.001(1.0)和 0.537(1.5);存在技术进步且供给不变:为 4.122(0.6)、1.074(1.0)和 0.571(1.5);存在技术进步且供给可变:为 4.686(0.6)、1.082(1.0)和 0.571(1.5)	自动生成数据进行模拟分析
索洛余值法	Raper 和 Love(1999)	烟草(国内市场:2.879;进口市场:0.236)	美,1977—1993
	Boyle(2004)	食品(0.006)、纺织品(0.01)、衣服(0.015)、木材及木制品(0.002)、纸浆和纸(0.005)、印刷和媒介(−0.001)、化学品(0.016)、橡胶及塑料(0.002)、其他非金属类(0.006)、金属制品(0.001)、机械及设备(0.003)、电气设备(0.003)、无线电、电视和通信设备(0.006)、医药及光学仪器等(−0.003)、机动车(−0.004)、其他运输设备(−0.012)、家具(0.015)	爱尔兰,1991—1999;改进 Hall 和 Roger 方法

续表

方法	作者	行业与结果	备注
索洛余值法	Raper 等(2007)	卷烟制造(3.95)	美,1977—1993;原始—索洛余值法
		卷烟制造(10.36)	美,1977—1993;原始—对偶索洛余值法
	戴家武等(2011)	烟草加工(8.10)	中,1985—2007;原始—对偶索洛余值法

注:(a)圆括号内为估测出的各行业买方市场力量的勒纳指数值;(b)NEIO模型估测出来的买方市场力量介于0和1之间,而原始—对偶索洛余值法估测的结果则大于1,其他方法详见对应文献;(c)括号内为相应的供给弹性值。

附表5 1980年以来研究价格传递的文献汇总表

文献	方法	国家	行业	数据	结果
Heien(1980)	理论模型(水平)	美国	食品	1960—1975月度	复杂
Ward(1982)	理论模型(水平)	美国	蔬菜	未说明	复杂
Freebairn(1984)	理论模型(差分)	澳大利亚	食品	1971—1982月度	对称
Carlton(1986)	理论模型(差分)	美国	工业品	1957—1966月度	对称
Kinnucan 和 Forker(1987)	理论模型(水平)	美国	乳制品	1971—1981月度	不对称
Boyd 和 Brorsen(1988)	理论模型(水平)	美国	猪肉	1974—1981周度	不对称
Schroeder(1988)	理论模型(水平)	美国	猪肉	1983—1986周度	复杂
Hahn(1990)	理论模型(差分)	美国	肉类	1980—1987周/月度	不对称

续表

文　献	方　法	国　家	行　业	数　据	结　果
Pick 等(1990)	理论模型(水平)	美国	水果	1985—1987 周度	复杂
Karrenbrock(1991)	理论模型(其他)	美国	天然气	1983—1990 月度	复杂
Bacon(1991)	理论模型(差分)	英国	天然气	1982—1990 半月	不对称
Hannan 和 Berger(1991)	理论模型(差分)	美国	银行业	1983—1986 月度	不对称
Appel(1992)	理论模型(水平)	德国	鸡肉	1973—1989 月度	不对称
Kirchgassner 和 Kubler(1992)	VECM	德国	天然气和石油	1972—1989 月度	前十年不对称,后十年对称
Neumark 和 Sharpe(1992)	理论模型(差分)	美国	银行业	1983—1987 月度	不对称
Griffith 和 Piggott(1994)	理论模型(水平)	澳大利亚	肉类	1971—1988 月度	复杂
Zhang 等(1995)	理论模型(水平)	美国	花生	1984—1992 月度	复杂
Scholnick(1996)	VECM	亚洲	银行业	1983—1992 月度	复杂
Bernard 和 Willet(1996)	理论模型(水平)	美国	烤肉	1983—1992 月度	复杂
Borenstein 等(1997)	VECM	美国	天然气	1986—1992 周度/半月	复杂
Jackson(1997)	理论模型(差分)	美国	银行业	1983—1985 月度	不对称
Schertz Willet 等(1997)	理论模型(水平)	美国	苹果	1975—1990 月度	复杂
Enders 和 Granger(1998)	理论模型(其他)	美国	银行业	1958—1994 季度	复杂
v. Cramon(1998)	VECM	德国	猪肉	1990—1993 周度	不对称
Balke 等(1998)	理论模型(水平)＋VECM	美国	天然气	1987—1996 周度	复杂
Goodwin 和 Holt(1999)	理论模型(其他)	美国	牛肉	1981—1998 周度	对称
Frost 和 Bowden(1999)	VECM	新西兰	银行业	1985—1996 月度	不对称
Goodwin 和 Harper(2000)	理论模型(其他)	美国	猪肉	1987—1999 周度	复杂

续表

文献	方法	国家	行业	数据	结果
Peltzman(2000)	理论模型(其他)	美国	282 种产品	1978—1996 月度	以不对称为主
Miller 和 Hayenga(2001)	理论模型+VAR	美国	猪肉	1981—1995 周度	不对称
Enders 和 Siklos(2001)	理论模型(其他)	美国	银行业	1964—1998 月度	复杂
Goodwin 和 Piggott(2001)	理论模型(其他)	美国	玉米和大豆	1992—1999 每天	复杂
Abdulai(2002)	理论模型(其他)	瑞士	猪肉	1988—1997 月度	不对称
Aguiar 和 Santana(2002)	理论模型(水平)	巴西	众多行业	1987—1998 月度	复杂
Romain 等(2002)	理论模型(水平)	美国	牛奶	1980—1997 月度	复杂
Gomez 和 Koerner(2002)	VECM	法国,德国和美国	咖啡	1990—2000 月度	不对称
Shepherd(2004)	理论模型+VAR	美国	咖啡	1982—2001 月度	不对称
Chavas 和 Mehta(2004)	VECM	美国	黄油	1980—2001 月度	不对称
Zhou 和 Buongiorno(2005)	VAR	美国	木材	1977—2002 季度	不对称
Radchenko(2005)	VAR+局部调整模型	美国	天然气和石油	1991—2003 周度	不对称
Lloyd 等(2006)	理论模型+VAR+VECM	英国	牛肉	1990—2000 月度	不对称
Čechura 和 Šobrová(2008)	VECM	捷克	猪肉	1995—2006 月度	不对称
郭利京 等(2010)	ECM	中国	猪肉	2001—2009 月度	不对称
胡平华、李崇光(2010)	ECM	中国	粮食、蔬菜、肉类、水产	1984—2007 年度	不对称(粮食除外)
Acharya 等(2011)	有限混合模型	美国	苹果	1980—1998 月度	淡季对称、旺季不对称
杨朝英、徐学英,2011	ECM	中国	猪肉	2000—2009 月度	不对称
张利库、张喜才,2011	VAR	中国	农产品	2001—2009 月度	不对称
张喜才等(2012)	VAR	中国	生猪	2001—2009 月度	不对称

注:VAR 和 VECM 分别代表向量自回归模型(Vector Autoregressive Model)和向量误差修正模型(Vector Error Correction Model);ECM 指误差修正模型(Error Correction Model)。

附录6　索洛余值模型的推导过程

设行业的生产函数为:

$$y = Ae^\gamma f(x_1, x_2, x_3) \tag{1}$$

其中,y 表示产出,x_1、x_2、x_3 分别表示资本、劳动和原材料投入量,γ 是希克斯中性技术进步率,A 代表生产率冲击。

将式(1)两边同除 x_1,由于假设规模报酬不变,则有:

$$y/x_1 = Ae^\gamma f(1, x_2/x_1, x_3/x_1)$$

两边取对数再求微分,有:

$$\begin{aligned} &\mathrm{dln}(y/x_1) = \mathrm{dln}\,A + \mathrm{d}\gamma + Ae^\gamma f(1, x_2/x_1, x_3/x_1) \\ &\mathrm{dln}(y/x_1) = \mathrm{dln}\,A + \mathrm{d}\gamma + \frac{f_{x_2/x_1} \cdot \mathrm{d}(x_2/x_1) + f_{x_3/x_1} \cdot \mathrm{d}(x_3/x_1)}{f(1, x_2/x_1, x_3/x_1)} \end{aligned} \tag{2}$$

又 $mc = \dfrac{r_2 \cdot \mathrm{d}(x_2/x_1) + r_3 \cdot \mathrm{d}(x_3/x_1)}{\mathrm{d}[Ae^\gamma f(1, x_2/x_1, x_3/x_1)]} = \dfrac{r_2 \cdot \mathrm{d}(x_2/x_1) + r_3 \cdot \mathrm{d}(x_3/x_1)}{Ae^\gamma[f_{x_2/x_1} \cdot \mathrm{d}(x_2/x_1) + f_{x_2/x_1} \cdot \mathrm{d}(x_3/x_1)]}$

$$p = \frac{1}{1-\beta^{mp}} \cdot mc = \frac{1}{1-\beta^{mp}} \cdot \frac{r_2 \cdot \mathrm{d}\left(\frac{x_2}{x_1}\right) + r_3 \cdot \mathrm{d}\left(\frac{x_3}{x_1}\right)}{Ae^\gamma\left[f_{\frac{x_2}{x_1}} \cdot \mathrm{d}\left(\frac{x_2}{x_1}\right) + f_{\frac{x_2}{x_1}} \cdot \mathrm{d}\left(\frac{x_3}{x_1}\right)\right]} \tag{3}$$

将(3)代入(2)可得:

$$\mathrm{dln}(y/x_1) = \mathrm{dln}\,A + \mathrm{d}\gamma + \frac{1}{1-\beta^{mp}} \cdot \frac{r_2 x_2 \cdot \dfrac{\mathrm{d}(x_2/x_1)}{(x_2/x_1)} + r_3 x_3 \cdot \dfrac{\mathrm{d}(x_3/x_1)}{(x_3/x_1)}}{py}$$

即:

$$\mathrm{dln}(y/x_1) - \frac{1}{1-\beta^{mp}} \cdot \left\{ \left[\frac{r_2 x_2}{py} \cdot \mathrm{dln}\left(\frac{x_2}{x_1}\right) - \left[\frac{r_3 x_3}{py}\right] \cdot \mathrm{dln}\left(\frac{x_3}{x_1}\right) \right\} = \mathrm{dln}\,A + \mathrm{d}\gamma \tag{4}$$

在产品市场和所有要素市场完全竞争的条件下,$p = mc$,$\beta^{mp} = 0$,

$$\mathrm{dln}(y/x_1) - a \cdot \mathrm{dln}(x_2/x_1) - b \cdot \mathrm{dln}(x_3/x_1) = \mathrm{dln}\,A + \mathrm{d}\gamma$$

即为公式(3.3)。

1. 卖方市场力量公式的推导

在产品市场存在卖方市场力量的情况下,产品的价格会高于其边际成本,由公式(3.3)推导过程中的(4)式可知:

$$\mathrm{dln}(y/x_1) - \frac{1}{1-\beta^{mp}} \cdot \left[\frac{r_2 x_2}{py} \cdot \mathrm{dln}(x_2/x_1) - \frac{r_3 x_3}{py} \cdot \mathrm{dln}(x_3/x_1)\right] = \mathrm{dln}\,A + \mathrm{d}\gamma$$

则

$$\frac{1}{1-\beta^{mp}} \cdot \mathrm{dln}(y/x_1) - \frac{1}{1-\beta^{mp}} \cdot \left[\frac{r_2 x_2}{py} \cdot \mathrm{dln}(x_2/x_1) - \frac{r_3 x_3}{py} \cdot \mathrm{dln}(x_3/x_1)\right]$$

$$= \frac{\beta^{mp}}{1-\beta^{mp}} \cdot \mathrm{dln}(y/x_1) + \mathrm{dln}\,A + \mathrm{d}\gamma$$

两边同乘以（$1-\beta^{mp}$），整理后可得：

$$SR = \beta^{mp} \cdot \mathrm{dln}(y/x_1) + (1-\beta^{mp})(\mathrm{dln}\,A + \mathrm{d}\gamma)$$

即为公式（3.4）。

同理，可得 $SRP = -\beta^{mp} \cdot \mathrm{dln}(p/r_1) + (1-\beta^{mp})(\mathrm{dln}\,A + \mathrm{d}\gamma)$

即为公式（3.9）。

结合公式（3.4）和（3.9），可得：

$$SR - SRP = \beta^{mp}\left[\mathrm{dln}(y/x_1) + \mathrm{dln}(p/r_1)\right]$$

即为公式（3.10）。

2. 买方市场力量公式的推导

在要素 x_3（烟叶）收购市场上存在买方垄断市场力量，而在其他要素市场及产品市场都完全竞争的条件下，有：

$$r_2 = VMP_2 = p \cdot mp_2 = p \cdot Ae^{\gamma} f_{x_2/x_1} \tag{5}$$

$$r_3 = \frac{1}{1+\beta^{ms}} \cdot VMP_3 = \frac{1}{1+\beta^{ms}} \cdot p \cdot Ae^{\gamma} f_{x_3/x_1}, \qquad \beta^{ms} = \frac{VMP_3 - r_3}{r_3} \tag{6}$$

将式（5）和式（6）代入式（2），可得：

$$\mathrm{dln}(y/x_1) = \mathrm{dln}\,A + \mathrm{d}\gamma + \frac{r_2 x_2 \cdot \frac{\mathrm{d}(x_2/x_1)}{(x_2/x_1)} + (1+\beta^{ms}) \cdot r_3 x_3 \cdot \frac{\mathrm{d}(x_3/x_1)}{(x_3/x_1)}}{py} + \mathrm{dln}\,A + \mathrm{d}\gamma$$

即 $\mathrm{dln}(y/x_1) - \dfrac{r_2 x_2}{py} \cdot \mathrm{dln}(x_2/x_1) - \dfrac{r_3 x_3}{py} \cdot \mathrm{dln}(x_3/x_1) = \dfrac{VMP_3 - r_3}{r_3} \cdot \dfrac{r_3 x_3}{py} \cdot$

$\mathrm{dln}(x_3/x_1)$

整理后可得：

$$SR = \frac{VMP_3 - r_3}{VMP_3}\left[\mathrm{dln}(y/x_1) - \frac{r_2 x_2}{py} \cdot \mathrm{dln}(x_2/x_1)\right] + \frac{r_3}{VMP_3}(\mathrm{dln}\,A + \mathrm{d}\gamma)$$

$$= \frac{\beta^{ms}}{1+\beta^{ms}}\left[\mathrm{dln}(y/x_1) - \frac{r_2 x_2}{py} \cdot \mathrm{dln}(x_2/x_1)\right] + \frac{1}{1+\beta^{ms}}(\mathrm{dln}\,A + \mathrm{d}\gamma)$$

即为公式（3.5）。

同理可得：

$$SRP = -\frac{\beta^{ms}}{1+\beta^{ms}}\left[\mathrm{dln}(p/r_1) - \frac{r_2 x_2}{py} \cdot \mathrm{dln}(r_2/r_1)\right] + \frac{1}{1+\beta^{ms}}(\mathrm{dln}\,A + \mathrm{d}\gamma)$$

即为公式(3.11)。

所以有：

$$SR - SRP = \frac{\beta^{ms}}{1 + \beta^{ms}} \left\{ \left[\mathrm{dln}(y/x_1) + \mathrm{dln}(p/r_1) \right] - \frac{r_2 x_2}{py} \left[\mathrm{dln}(x_2/x_1) + \mathrm{dln}(r_2/r_1) \right] \right\}$$

即为公式(3.12)。

参 考 文 献

Abdulai, A., 2000, "Spatial price transmission and asymmetry in the Ghanaian maize market", *Journal of Development Economics* 63:327—349.

Acharya, R.N., et al., 2012, "Asymmetric farm-retail price transmission and market power: A new test", *Applied Economics* 43:4759—4768.

Acs, Z.J., and D.B. Audretsch, 1988, "Innovation in large and small firms: An empirical analysis", *American Economic Review* 78(4):678—690.

Aguiar, D.R., et al., 2002, "Asymmetry in farm to retail price transmission: Evidence from Brazil", *Agribusiness* 18(1):37—48.

Ahmed, A.M., and N.Khababa, 1999, "Performance of the banking sector in Saudi Arabia", *Journal of Financial Management and Analyses* 12(2):30—36.

Ahn, B.L., and D.A. Sumner, 2009, "Political market power reflected in milk pricing regulations", *American Journal of Agricultural Economics* 91(3):723—737.

Aigner, A., C.A.K. Novell, and S.Schmidt, 1977, "Formulation and estimation of stochastic production function models", *Journal of Econometrics* 86:21—37.

Alchian, A., 1965, "Some economics of property rights", *IlPolitico* 30: 816—829.

Allen, H., A.Kumar, and B.Lapham, 2010, "Market power, price adjustment, and inflation", *International Economic Review* 51(1):73—98.

Al-Muharrami, S., and K. Matthews, 2009, "Market power versus efficient-structure in Arab GCC Banking", *Applied Financial Economics* 19(18):1487—

1496.

Al-Obaidan, A.M., 2008, "Market structure, concentration and performance in the commercial banking industry of emerging markets", *European Journal of Economics, Finance and Administrative Sciences* 12:104—115.

Alzaidanin, J.S., 2003, "An Investigation of bank profitability and market concentration in the United Arab Emirates Financial System", Bangor Business School Staff Publications & Working Papers.

Anandalingam, G., and N. Kulatilaka, 1987, "Decomposing production efficiency into technical, allocative and structural components", *Journal of the Royal Statistical Society*, 150(2):143—151.

Anders, N.H., 2002, "Imperfect competition in computable general equilibrium models—a primer", *Economic Modelling* 20:119—139.

Ani, L. K., M. Sheldon, and M. J. Miranda, 2005, "A dynamic model of oligopoly and oligopsony in the U.S. potato-processing industry", *Agribusiness* 21(3): 409—428.

Appel, V., 1992, "Asymmetrie in der preis transmission", *Agrarwirtschaft Sonderheft* 135:178—213.

Appelbaum, E., 1982, "Estimation of the degree of oligopoly power", *Journal of Econometrics* 19:287—299.

Arrow, K., 1962, "Economic welfare and the allocation of resources for invention". in R.R. Nelson(ed.), *The rate and direction of inventive activity*, Princeton, NJ: Princeton University Press.

Azzam, A.M., and E. Pagoulatos, 1990, "Testing oligopolistic and oligopsonistic behavior: An application to the U.S. meat-packing industry", *Journal of Agricultural Economics* 41:362—370.

Babula, R.A., and D.A. Bessler, 1990, "The corn-egg price transmission mechanism", *Southern Journal of Agricultural Economics* December:79—86.

Bacon, R.W., 1991, "Rockets and feathers: The asymmetric speed of adjustment of UK retail gasoline prices to cost changes", *Energy Economics* 13:211—218.

Badinger, H., and W. Wien, 2004, "Do we really know that the EU's single market programme has fostered competition? Testing for a decrease in markup ratios in EU industries", Vienna University of Economics and Business, EI Working Papers/Europainstitut, No.55.

Bain, J.S., 1951, "Relation of profit rate to industry concentration", *Quarterly Journal of Economics* 65:293—324.

Bain, J.S., 1959, *Industrial organization*, New York: Wiley.

Baldwin, J., P. Hanel, and D. Sabourin, 2002, "Determinants of innovative activity in Canadian manufacturing firms", in A. Kleinknecht and P. Mohnen(eds.), *Innovation and Firm Performance*, New York: Palgrave.

Balke, N.S., et al., 1998, "Crude oil and gasoline prices: An asymmetric relationship", *Federal Reserve Bank of Dallas*, *Economic Review* First Quarter:2—11.

Banerjee, A., and B. Russell, 2001, "The Relationship between the markup and inflation in the G7 Economies and Australia", *Review of Economics and Statistics* 83:377—384.

Barnett, P.G., T.E. Keeler, and T. Hu, 1995, "Oligopoly structure and the incidence of cigarette excise taxes", *Journal of Public Economics* 57(3):457—470.

Basu, S., and J.G. Fernald, 1994, "Constant returns and small markups in U.S. manufacturing", Board of Governors of the Federal Reserve System, International Finance Discussion Papers No.483.

Bauer, J.M., 1997, "Market power, innovation, and efficiency in telecommunications: Schumpeter reconsidered", *Journal of Economic Issues* XXXI(2):557—565.

Berger, A.N., and T.H. Hannan, 1998, "The efficiency cost of market power in the banking industry: A test of the 'Quiet Life' and related hypotheses", *Review of Economics and Statistics* 80:454—465.

Berger, A. N., and L. Mester, 1997, "Inside the black box: What explains differences in the efficiency of financial institutions", *Journal of Econometrics* 87: 115—143.

Bettendorf, L., and F. Verboven, 2000, "Incomplete transmission of coffee bean prices: Evidence from the Netherlands", *European Review of Agricultural Economics* 27(1):1—16.

Bhaskar, V., M. Alan, and T. Ted, 2002, "Oligopsony and monopsonistic competition in labor markets", *Journal of Economic Perspectives* 16(2):155—174.

Bhuyan, S., 1998, "Determinants of allocative efficiency losses from oligopoly power", *The Quarterly Review of Economics and Finance* 38(1):61—72.

Bhuyan, S., and R. A. Lopez, 1998, "What determines welfare losses from oligopoly power in the food and tobacco industries?", *Agricultural and Resource Economic Review* October:258—265.

Bhuyan, S., and R. A. Lopez, 1997, "Oligopoly power in the food and tobacco industries", *American Journal of Agricultural Economics* 79:1035—1043.

Bhuyan, S, and R. A. Lopez, 1998, "Oligopoly power and allocative efficiency in U. S. food and tobacco industries", *Journal of Agricultural Economics* 49(3): 434—442.

Bjertnæs, G. H., 2007, "The welfare cost of market power accounting for intermediate good firms", Discussion Papers No. 502, Statistics Norway, Research Department, 2007.

Blair, R. D., and J. L. Harrison, 1993, *Monopsony: Antitrust law and economics*, Princeton, NJ: Princeton University Press.

Blundell, R., R. Griffith, and J. V. Reenen, 1995, "Dynamic count data models of technological innovation", *Economic Journal* 105(429):333—344.

Bonanno, A., and R. A. Lopez, 2009, "Competition effects of supermarket services", *American Journal of Agricultural Economics* 91(3):555—568.

Borenstein, S., et al., 1997, "Do gasoline prices respond asymmetrically to crude oil price changes", *Quarterly Journal of Economics* 112:305—339.

Boyd, M.S., and B.W. Brorsen, 1988, "Price asymmetry in the U.S. pork marketing channel", *North Central Journal of Agricultural Economics* 10:103—109.

Boyer, K.D., 1996, "Can market power really be estimated?", *Review of Industrial Organization* 11:115—124.

Boyle, G.E., 2004, "Hall-Roeger tests of market power in Irish manufacturing industries", *The Economic and Social Review* 35(3):289—304.

Brissimis, S.N., and M.D. Delis, 2011, "Bank-level estimates of market power", *European Journal of Operational Research* 212(3):508—517.

Browning, E.K., 1997, "A neglected welfare cost of monopoly and most other product market distortions", *Journal of Public Economics* 66(1):127—144.

Capps, J.O., 1993, "Uses of supermarkets scan data in demand analysis", Food Demand and Consumption Behavior Regional Committee Working Paper n. s21693capp01.

Čechura, L., and L. ŠObrová, 2008, "The price transmission in pork meat agrifood chain", *Agricultural Economics-Czech* 54:77—84.

Cyert, R.M., and J.G. March, 1963, *A behavioral theory of the firm*, Englewood Cliffs, NJ: Prentice-Hall.

Chandy, R.K., and G.L. Tellis, "The incumbent's curse?: Incumbency, size, and radical product innovation", *Journal of Marketing* 64:1—17.

Chavas, J.P., and A. Mehta, 2004, "Price dynamics in a vertical sector: The case of butter", *American Journal of Agricultural Economics* 86:1078—1093.

Chen, Y., and X. Yu, 2018, "Does the centralized slaughtering policy create market power for pork industry in China?", *China Economic Review* 50:59—71.

Chirinko, R.S., and S.M. Fazzari, 1992, "Economic fluctuations, market power, and returns to scale: Evidence from micro data", Working Papers in Harris

School of Public Policy Studies, University of Chicago, No.9212.

Clark, J.A., 1986, "Single-equation, multiple regression methodology: Is it an appropriate methodology for the structure-performance relationship in banking?", *Journal of Monetary Economics* 18(3):259—312.

Cohen, W.M., and R.C. Levin, 1989, "Empirical studies of innovation and market structure", in R.Schmalansee and R.D. Willing(eds.), *Handbook of Industrial Organization Vol.II*, New York: Elsevier.

Comanor, W.S., and H.Leibenstein, 1969, "Allocative efficiency, x-efficiency and the measurement of welfare losses", *Economica* 36(143):304—309.

Corts, K.S., 1999, "Conduct parameters and the measurement of market power", *Journal of Econometrics* 88(2):227—250.

Cowling, K., and D.S. Mueller, 1978, "The Social Costs of Monopoly Power", *The Economic Journal* 88(352):727—748.

Cowling, K., and M.Waterson, 1976, "Price-cost margins and market structure", *Economica* 43:267—274.

Cox, D., and R.Harris, 1985, "Trade liberalization and industrial organization: Some estimates for Canada", *Journal of Political Economics* 93:115—145.

Dai, J., and X.Wang, 2014, "Is China's dairy processing industry oligopolistic and/or oligopsonistic?", *China Agricultural Economic Review* 6(4):644—653.

Dean, T.J., R.L. Brown, and C.E. Bamford, 1998, "Differences in large and small firm responses to environmental context: Strategic implications from a comparative analysis of business formations", *Strategic Management Journal* 19:709—728.

Delis, M.D., and E.G. Tsionas, 2009, "The joint estimation of bank-level market power and efficiency", *Journal of Banking & Finance* 33:1842—1856.

Digal, L.N., 2010, "Market power analysis: The case of poultry industry in the Philippines", *Journal of International Food & Agribusiness Marketing* 23(1): 5—31.

Domowitz, I., R.G. Hubbard, and B.C. Petersen, 1988, "Market structure and cyclical fluctuations in U.S. manufacturing", *Review of Economics and Statistics* 70: 55—66.

Edgar, K.B., 1997, "A neglected welfare cost of monopoly—and most other product market distortions", *Journal of Public Economics* 66:127—144.

Engle, R.F., and C.W. Granger, 1987, "Co-integration and error correction: Representation, estimation and testing", *Econometrica* 55(2):251—276.

Färe, R., S.Grosskopf, and V.J. Tremblay, 2012, "Market power and technology", *Review of Industrial Organization* 40:139—146.

Farooq, A.M., 2003, "Structure and performance of commercial banks in Pakistan", State Bank of Pakistan, Munich Personal RePEc Archive Paper No.4983.

Farrell, M. J., 1952, "Irreversible demand functions", *Econometrica* 20: 171—186.

Feinberg, R.M., 1980, "The Lerner Index, concentration, and the measurement of market power", *Southern Economic Journal* 46(4):1180—1186.

Felipe, J., and J.S.L. Mccombie, 2002, "A problem with some estimations and interpretations of the mark-up in manufacturing industry", *International Review of Applied Economics* 16(2):187—215.

Fiordelisi, F., 2000, "The profit-structure relationship accounting for technical and allocative efficiency: An application to the Italian factoring industry", Institute of European Finance(IEF), working paper series.

Frost, D., and R.Bowden, 1999, "An asymmetry generator for error-correction mechanisms, with application to bank mortgage-rate dynamics", *Journal of Business & Economic Statistics* 17(2):253—263.

Gali, J., and M.Gertler, 1999, "Inflation dynamics: A structural econometric analysis", *Journal of Monetary Economics* 44(2):195—222.

Gardner, B., 1975, "The farm-retail price spread in a competitive food industry", *American Journal of Agricultural Economics* 57(3):399—409.

Gardner, B., 1975, "The farm-retail price spread in a competitive food indus-
try", *American Journal of Agricultural Economics* 57(3):399—409.

Genesove, D., and W.P. Mullin, 1998, "Testing static oligopoly models: Con-
duct and cost in the sugar industry, 1890—1914", *RAND Journal of Political
Economy* 29:355—377.

Geroski, P.A., 1990, "Innovation, technological opportunity, and market struc-
ture", *Oxford Economic Papers*, *New Series* 42(3):586—602.

Geroski, P.A., 1988, "In pursuit of monopoly power: Recent quantitative work
in industrial economics", *Journal of Applied Econometrics* 3:107—123.

Gilbert, R., and K. Michael, 2001, "An economist's guide to U. S. v. Mi-
crosoft", *Journal of Economic Perspectives* 15(2):25—44.

Goel, R.K., "Technological complementarities, demand, and market power",
Netnomics Economic Research & Electronic Networking 10(2):161—170.

Gomez, M.I., and J.Koerner, 2002, "Do retail coffee prices increase faster than
they fall? Asymmetric price transmission in France, Germany and the United States",
http://congrega.fund.uc3m.es/earie2002/papers/paper_496_20020329.pdf.

Guevara, J.F., J.Maudos, and F.Pérez, 2005, "Market power in European
banking sectors", *Journal of Financial Services Research* 27(2):109—137.

Hahn, W.F., 1990, "Price transmission asymmetry in pork and beef markets",
Journal of Agricultural Economics Research 42(4):21—30.

Hall, R.E., 1988, "The relation between price and marginal cost in U.S. indus-
try", *Journal of Political Economy* 96:921—947.

Hamilton, J.L., 1994, "Joint oligopsony-oligopoly in the U.S. leaf tobacco mar-
ket, 1924—39", *Review of Industrial Organization* 9:25—39.

Hamilton, J.D., 1994, *Time series analysis*, Princeton University Press.

Hannan, T.H., and A.N. Berger, 1991, "The rigidity of prices: Evidence from the banking industry", *The American Economic Review* 81(4):938—945.

Harberger, A.C., 1954, "Monopoly and resource allocation", *American Economic Review* 44:77—87.

Harrison, A.E., "Productivity, imperfect competition and trade reform: Theory and evidence", *Journal of International Economics* 36:53—74.

Harrison, G.W., T.F. Rutherford, and D.G. Tarr, 1997, "Quantifying the Uruguay Round", *Economic Journal* 107:1405—1430.

Hazilla, M., 1991, "Econometric analysis of market structure: Statistical evaluation of price-taking behavior and market power", in T.B. Fromby and G.F. Rhodes (eds.) *Advances in Econometrics*, *Vol.9*, JAI Press.

Heggested, A.J., 1977, "Market structure, risk, and profitability in commercial banking", *Journal of Finance* 32:1207—1216.

Herfindahl, O.C., 1950, "Concentration in the steel industry", Unpublished PH.D. dissertation, Columbia University.

Hicks, J.R., 1935, "Annual survey of economic theory: The theory of monopoly", *Econometrica* 3:1—20.

Hirschman, A.O., 1964, "The paternity of an index", *American Economic Review* 54(5):761—762.

Hitt, M.A., R.E. Hoskisson, and R.D. Ireland, 1990, "Mergers and acquisitions and managerial commitment to innovation in M-form firms", *Strategic Management Journal* 11:29—47.

Holloway, G., 1991, "The farm-retail price spread in an imperfectly competitive food industry", *American Journal of Agricultural Economics* 73(4):979—989.

Houck, J.P., 1977, "An approach to specifying and estimating nonreversible functions", *American Journal of Agricultural Economics* 59:570—572.

Hovhannisyan, V., and B.W. Gould, 2012, "A structural model of the analysis of retail market power: The case of fluid milk", *American Journal of Agricultural*

Economics 94(1):67—79.

Hyde, C.E., and J.M. Perloff, 1994, "Can monopsony power be estimated?", *American Journal of Agricultural Economics* 76:1151—1155.

Iwata, G., 1974, "Measurement of conjectural variations in oligopoly", *Econometrica* 42(5):947—966.

Jackson, W.E., 1997, "Market structure and the speed of price adjustment: Evidence of non-monotonicity", *Review of Industrial Organization* 12:37—57.

James, L.H.,1994, "Joint oligopsony-oligopoly in the U.S. leaf tobacco market, 1924—39", *Review of Industrial Organization* 9:25—39.

Ji, I. B., and C. Chung, 2010, "Dynamic assessment of oligopoly, oligopsony power, and cost efficiency using the New Empirical Industrial Organization in the U.S. beef packing industry", Selected Paper prepared for presentation at the Agricultural & Applied Economics Association 2010 AAEA, CAES, & WAEA Joint Annual Meeting.

Maudos, J., and J.F. Guevara, 2007, "The cost of market power in banking: Social welfare loss vs. cost inefficiency", *Journal of Banking & Finance* 31(7): 2103—2126.

Kamerschen, D.R., and J.H. Park, 1993, "An alternative approach to market structure and the markup ratio", *Applied Economics* 25:111—124.

Karrenbrock, J.D., 1991, "The behavior of retail gasoline prices: Symmetric or not", *Federal Reserve Bank of St. Louis Review* 73:19—29.

Kee, H.L., 2002, "Markups, returns to scale, and productivity: A case study of Singapore's manufacturing sector", Policy Research Working Paper, Development Research Group, The World Bank No.2857.

Kim, M.A., et al., 2000, "Price transmission dynamics between ADRs and their underlying foreign securities", *Journal of Banking & Finance* 24(8):1359—1382.

Kinnucan, H.W., and O.D. Forker, 1987, "Asymmetry in farm-retail price transmission for major dairy products", *American Journal of Agricultural Economics* 69:285—292.

Kinnucan, H.W., 2003, "Optimal generic advertising in an imperfectly competitive market with variable proportions", *Agricultural Economics* 29:143—158.

Kirchgassner, G., and K. Kubler, 1992, "Symmetric or asymmetric price adjustments in the oil market: An empirical analysis of the relations between international and domestic prices in the Federal Republic of Germany, 1972—89", *Energy Economics* 14:171—185.

Klette, T. J., 1999, "Market power, scale economies and productivity: Estimates from a panel of establishment data", *Journal of Industrial Economics* 47(4):451—475.

Kumbhakar, S.C., S.Baardsen, and G.Lien, 2012, "A new method for estimating market power with an application to Norwegian sawmilling", *Review of Industrial Organization* 40:109—129.

Kumbhakar, S.C., and C.A. Lovell, 2000, *Stochastic frontier analysis*, New York: Cambridge University Press.

Kutlu, L., and R.C. Sickles, 2012, "Estimation of market power in the presence of firm level inefficiencies", *Journal of Econometrics* 168:141—155.

Lau, L., 1982, "On identifying the degree of competitiveness from industry price and output data", *Economics Letters* 10:93—99.

Leibenstein, H., 1966, "Allocative efficiency vs. 'X-efficiency'", *The American Economic Review* 56(3):392—415.

Lerner, A.,1934, "The concept of monopoly and the measurement of monopoly power", *Review of Economic Studies* 1(3):157—175.

Lloyd, T.A,, et al., 2006, "Food scares, market power and price transmission: The UK BSE crisis", *European Review of Agricultural Economics* 33(2):119—147.

Lopez, R.A., A.M. Azzam, and C. Lirón-españa, 2002, "Market power and/or efficiency: A structural approach", *Review of Economic Studies* 20:115—126.

Love, H.A, and C.R. Shumway, 1994, "Nonparametric tests for monopsonistic market power exertion", *American Journal of Agricultural Economics* 76:1156—1162.

Lustgarten, S.H., 1975, "The impact of buyer concentration in manufacturing industries", *Review of Economics and Statistics* 47:125—132.

Martins, J.O., S.Scarpetta, and D.Pilat, 1996, "Mark-up ratios in manufacturing industries", OECD Economics Department Working Paper, No.162, OECD Publishing.

Mason, E.S., 1939, "Price and production policies of large-scale enterprise", *American Economic Review* 29:61—74.

Maudos, J., and J.F. Guevara, 2004, "Factors explaining the interest margin in the banking sectors of the European Union", *Journal of Banking & Finance* 28(9): 2259—2281.

Maudos, J., and J.F. Guevara, 2005, "Los costes sociales del poder de mercado en la banca española", *Perspectivas del Sistema Financiero* 18:433—443.

Maudos, J., and J.F. Guevara, 2007, "The cost of market power in banking: Social welfare loss vs. cost inefficiency", *Journal of Banking and Finance* 31:2103—2125.

Maudos, J., et al., 2002, "Cost and profit efficiency in European banks", *Journal of International Financial Markets, Institutions and Money* 12:33—58.

Mccorriston, S., and I.M. Sheldon, 1996, "Trade policy reform in vertically-related markets", *Oxford Economic Papers* 48:664—672.

Mccorriston, S., et al., 2001, "Price transmission: The interaction between market power and returns to scale", *European Review of Agricultural Economics* 28(2):143—159.

Mccorriston, S., C.W. Morgan, and A.J. Rayner, 1998, "Processing technology, market power and price transmission", *Journal of Agricultural Economics* 49(2):185—201.

Meeusen, W., and J. van den Broeck, 1977, "Efficiency estimation from Cobb-Douglas production function with composed error", *International Economic Review* 18:435—444.

Mérel, P.R., 2009, "Measuring market power in the French comté cheese market", *European Review of Agricultural Economics* 36(1):31—51.

Meyer, J., S. Von Cramon-Taubadel, 2004, "Asymmetric price transmission: A survey", *Journal of Agricultural Economics* 55:581—611.

Miller, D.J., and M.L. Hayenga, 2001, "Price cycles and asymmetric price transmission in the US pork market", *American Journal of Agricultural Economics* 83:551—562.

Mohanty, S., et al., 1995, "Price asymmetry in the international wheat market", *Canadian Journal of Agricultural Economics* 43:355—366.

Morrison, C.J., 1990, "Market power, economic profitability and productivity growth measurement: An integrated structural approach", NBER Working paper No. 3355, National Bureau of Economic Research, Cambridge MA.

Muth, R., 1964, "The derived demand curve for a productive factor and the industry supply curve", *Oxford Economic Papers* 16(2):221—234.

Nelson, R., and S. Winter, 1985, *An evolutionary theory of economic change*, Cambridge, MA: Harvard University Press.

Neumark, D., and S.A. Sharpe, 1992, "Market structure and the nature of price rigidity: Evidence from the market for consumer deposits", *Quarterly Journal of Economics* 107:657—680.

Nickell, S., 1996, "Competition and corporate performance", *Journal of Political Economy* 104:724—746.

参 考 文 献

Niskanen, W.A., 1971, *Bureaucracy and representative government*, Chicago: Aldine Press.

Nord, W.R., and S. Tucker, 1987, *Implementing routine and radical innovations*, Lexington, MA: Lexington Books.

Norrbin, S.C., 1993, "The relation between price and marginal cost in U.S. industry: A contradiction", *Journal of Political Economy* 101(60):1149—1164.

Parish, R., and Y.K. Ng, 1972, "Monopoly, X-efficiency and the measurement of welfare loss", *Economica* 39(155):301—308.

Parker, R.C., and J.M. Connor, 1979, "Estimates of consumer loss due to monopoly in the US food manufacturing industries", *American Journal of Agricultural Economics* 6(4):626—639.

Peltzman, S., 2000, "Prices rise faster than they fall", *Journal of Political Economy* 108(3):466—502.

Perloff, J.M., and E.Z. Shen, 2012, "Collinearity in linear structural models of market power", *Review of Industrial Organization* 40:131—138.

Pilloff, S.J., and S.A. Rhoades, 2002, "Structure and profitability in banking markets", *Review of Industrial Organization* 20(1):81—98.

Radchenko, S., 2005, "Oil price volatility and the asymmetric response of gasoline prices to oil price increases and decreases", *Energy Economics* 27:708—730.

Raper, K.C., and H.A. Love, 1999, "Monopsony power in multiple input markets: A nonparametric approach", Staff Paper No.99—62, Department of Agricultural Economics, Michigan State University.

Raper, K.C., H.A. Love, and C.R. Shumway, 2000, "Determining market power exertion between buyers and sellers", *Journal of Applied Econometrics* 15:225—252.

Raper, K.C., H.A. Love, and C.R. Shumway, 2007, "Distinguishing the source of market power", *American Journal of Agricultural Economics* 89(1):

78—90.

Richard, E.J., and S.C. Wen, 1980, "Tomatoes, technology, and oligopsony", *The Bell Journal of Economics* 11(2):584—602.

Richard, H., 1984, "Applied general equilibrium analysis of small open econo-mies with scale economies and imperfect competition", *American Economic Review* 74(5):1016—1032.

Richards, T.J., P.M. Patterson, and R.N. Acharya, 2005, "Price behavior in a dynamic oligopsony: Washington processing potatoes", *American Journal of Agri-cultural Economics* 83(2):259—271.

Robert, S.C., and S.M. Fazzari, 1992, "Economic fluctuations, market power, and returns to scale: Evidence from micro data", Working Papers No.9212, Harris School of Public Policy Studies, University of Chicago.

Roberto, A. D. S., 1999, "Comments on the Harrison-Rutherford-Tarr CGE model with imperfect competition and increasing returns to scale", Kiel Working Paper No.907.

Roberto, R., 2006, "Introducing imperfect competition in CGE Models: Techni-cal aspects and implications", *Computational Economics* 28:29—49.

Roberts, M.J., 1984, "Testing oligopolistic behavior", *International Journal of Industrial Organization* 2:367—383.

Roeger, W., 1995, "Can imperfect competition explain the difference between primal and dual productivity measures? Estimates for U.S. manufacturing", *Journal of Political Economy* 103:316—330.

Roeger, W., and F.Warzynski, 2004, "A joint estimation of price-cost margins and sunk capital: Theory and evidence from the European electricity industry", Work-ing Paper No.04—17 in Department of Economics, Aarhus School of Business, Uni-versity of Aarhus.

Rogers, K.E., 1998, "Non-traditional activities and the efficiency of U.S. commercial banks", *Journal of Banking and Finance* 22:467—482.

Rogers, R., and S. Richard, 1994, "Assessing the importance of oligopsony power in agricultural markets", *American Journal of Agricultural Economics* 76(5): 1143—1150.

Samad, A., 2008, "Market Structure, Conduct and performance: Evidence from the Bangladesh banking industry", *Journal of Asian Economics* 19:181—193.

Sathye, M., 2005, "Market structure and performance in Australian banking", Review of Accounting and Finance 4(2):107—122.

Scherer, F.M., 1980, "Industrial market structure and economic performance", Chicago, IL: Rand McNally.

Schertz, W.L., et al., 1997, "Asymmetric price response behaviour of red delicious apples", *Agribusiness* 13(6):649—658.

Schmidt, P., and C.A.K. Lovell, 1979, "Estimating technical and allocative inefficiency relative to stochastic production and cost frontiers", *Journal of Econometrics* 9(3):343—366.

Scholnick, B., 1996, "Asymmetric adjustment of commercial bank interest rates: Evidence from Malaysia and Singapore", *Journal of International Money and Finance* 15(3):485—496.

Schroeter, R., 1988, "Estimating the degree of market power in the beef-packing industry", *Review of Economics and Statistics* 70:158—162.

Schroeter, J.R., and A.Azzam, 1990, "Measuring market power in multi-product oligopolies: The U.S. meat industry", *Applied Economics* 22:1365—1376.

Schumacher, U., 1991, "Buyer structure and seller performance in U.S. manufacturing industries", *Review of Economics and Statistics* 73(2):277—284.

Schumpeter, J., 1942, *Capitalism socialism and democracy*, New York: Harper.

Shepherd, B., 2004, "Trade and market power in a liberalised commodity market: preliminary results for coffee", Presented at the 85th EAAE Seminar, 8—11 September, Florence.

Sherer, F.M., and D. Ross, 1990, *Industrial Market Structure and Economic Performance*, Boston: Houghton Mifflin.

Sims, C.A., 1980, "Macroeconomics and reality", *Econometrica* 48:1—48.

Smirlock, M., 1985, "Evidence on the (non) relationship between concentration and profitability in banking", *Journal of Money, Credit and Banking* 17(1):69—83.

Solís, L. and J. Maudos, 2008, "The social costs of bank market power: Evidence from Mexico", *Journal of Comparative Economics* 36(3):467—488.

Solow, R.M., 1957, "Technical change and the aggregate production function", *Review of Economics and Statistics* 39(3):312—320.

Spiller, P.T., and E. Favaro, 1984, "The effects of entry regulation oligopolistic interaction: The Uruguayan banking sector", *Rand Journal of Economics* 15(2): 244—254.

Stigler, A., 1964, "A theory of oligopoly", *Journal of Political Economy* 72: 44—61.

Stigler, G. S., 1982, "The economists and the problem of monopoly", *The American Economic Review* 72:1—11.

Suzuki, N., et al., 1993, "A conjectural variations model of reduced Japanese milk price supports", *American Journal of Agricultural Economics* 75:210—218.

Town, R., R. Feldman, and J. Kralewski, 2011, "Market power and contract form: Evidence from physician group practices", *International Journal of Health Care Finance & Economics* 11:115—132.

Tweeten, L.G., and C. L. Quance, 1969, "Positivistic measures of aggregate supply elasticities: Some new approaches", *American Journal of Agricultural Economics* 51:342—352.

Cramon-Taubadel, von S., and S. Fahlbusch, 1994, "Identifying asymmetric price transmission with error correction models", Poster Session EAAE European Seminar, Reading.

Cramon-Taubadel, von S., and J.P. Loy, 1996, "Price asymmetry in the international wheat market: Comment", *Canadian Journal of Agricultural Economics* 44:311—317.

Cramon-Taubadel, von S., 1998, "Estimating asymmetric price transmission with the error correction representation: An application to the German pork market", *European Review of Agricultural Economics* 25:1—18.

Ward, R.W., 1982, "Asymmetry in retail, wholesale and shipping point pricing for fresh vegetables", *American Journal of Agricultural Economics* 62:205—212.

Weldegebriel, H.,2004, "Imperfect price transmission: Is market power really to blame", *Journal of Agricultural Economics* 55(1):101—114.

Willenbockel, D., 2004, "Specification choice and robustness in CGE trade policy analysis with imperfect competition", *Economic Modelling* 6:1065—1099.

Willner, J., 1989, "Price leadership and welfare losses in U.S. manufacturing: Comment", *American Economic Review* 79(3):604—613.

Wolffram, R., 1971, "Positivistic measures of aggregate supply elasticities: Some new approaches-some critical notes", *American Journal of Agricultural Economics* 53:356—359.

Wolfram, C.D., 1999, "Measuring duopoly power in the British electricity spot market", *American Economics Review* 89(4):805—826.

Wang, X., and X.Xin, 2009, "The impact of non-constant return and market power on the determination of farm value share", CEM Working Paper in China Agricultural University, N2009E003.

Young, T., 1980, "Modelling asymmetric consumer responses, with an example", *Journal of Agricultural Economics* 31:175—186.

Zhang, M., and R.J. Sexton, 2002, "Optimal commodity promotion when downstream markets are imperfectly competitive ", *American Journal of Agricultural Economics* 84(2):352—365.

Zhou, M., and J. Buongiorno, 2005, "Price transmission between products at different stages of manufacturing in forest industries", *Journal of Forest Economics* 11(1):5—19.

爱德华·张伯仑:《垄断竞争理论》,周文译,华夏出版社 2009 年版。

蔡海龙:《中国烟草行业税收效果评价》,中国农业大学 2010 年博士学位论文。

蔡华:《我国财产保险业效率及其产业组织实证研究》,暨南大学 2008 年博士学位论文。

陈丽君:《我国商业银行市场结构、效率及绩效研究》,重庆大学 2008 年硕士学位论文。

戴家武、崔登峰、王秀清:《中国烟草加工业市场力量再估测》,《产业经济研究》2011 年第 2 期,第 60—67 页。

戴家武、王秀清:《市场力量估测方法的演进》,《经济学动态》2012 年第 6 期,第 110—116 页。

杜子端:《努力加快我国食品工业的发展》,《食品科学》1983 年第 8 期,第 1—2 页。

高鸿业:《西方经济学(微观部分)》,中国人民大学出版社 2004 年版。

郭利京等:《我国猪肉价格非对称性传递实证研究——基于产业链视角的考察》,《价格理论与实践》2010 年第 11 期,第 52—53 页。

郝冬梅、王秀清:《中国烟草加工业的市场力量与配置效率损失估测》,《产业经济评论》2003 年第 1 期,第 152—162 页。

胡华平、李崇光:《农产品垂直价格传递与纵向市场联结》,《农业经济问题》2010 年第 1 期,第 10—17 页。

柯炳生:《我国粮食市场上的价格信号问题》,《中国农村经济》1991 年第 6 期,第 23—27 页。

李保江、马超:《中国烟草:"十五"回顾与"十一五"展望》,《中国烟草学报》2006 年第 4 期,第 3—7 页。

李保江、张涛、蔡海龙:《烟草行业体制安排及重组整合历程》,《中国烟草》2006 年第 23 期,第 34—37 页。

李保江:《2001—2011 年中国卷烟品牌发展战略》,《中国烟草》2012 年第 9 期,第 49—50 页。

李君华、欧阳峣:《大国效应、交易成本和经济结构——国家贫富的一般均衡分析》,《经济研究》2016 年第 10 期,第 27—40 页。

刘前:《基于 SCP 范式的银行业市场结构、效率与纯净研究——以上海市为例》,南京财经大学 2008 年硕士学位论文。

刘欣:《改革对中国的银行结构和性能的影响》,《哈尔滨金融学院学报》2013 年第 2 期,第 1—7 页。

栾峥:《我国银行业结构与绩效的相关性研究》,天津大学 2010 年硕士学位论文。

牛晓帆:《西方产业组织理论的深化与新发展》,《经济研究》2004 年第 3 期,第 116—123 页。

齐树天:《商业银行绩效、效率与市场结构——基于中国 1994—2005 年的面板数据》,《国际金融研究》2008 年第 3 期,第 48—56 页。

乔安·罗宾逊:《不完全竞争经济学》,陈璧译,商务印书馆 1961 年版。

司伟:《全球化背景下的中国糖业:价格、成本与技术效率》,中国农业大学 2005 年博士学位论文。

斯蒂芬·马丁:《高级产业经济学》,史东辉等译,上海财经大学出版社 2003 年版。

王明:《我国银行业市场结构对绩效的影响——基于 SCP 分析框架》,西南财经大学 2012 年硕士学位论文。

王秀清等:《纵向关联市场间的价格传递》,《经济学(季刊)》2007 年第 3 期,第 885—898 页。

王永刚:《中国植物油产业增长研究》,中国农业大学 2006 年博士学位论文。

威廉·格·谢佩德:《市场势力与经济福利导论》,易家详译,商务印书馆 1980 年版。

谢泼德等:《产业组织经济学:第 5 版》,张志奇等译,中国人民大学出版社 2009 年版。

辛贤、谭向勇:《农产品价格的放大效应研究》,《中国农村观察》2000 年第 1 期,第 52—57 页。

熊艳:《基于 SCP 范式的中国乳制品制造业产业组织研究》,沈阳理工大学 2009 年硕士学位论文。

杨朝英、徐学英:《中国生猪与猪肉价格的非对称传递研究》,《农业技术经济》2011 年第 9 期,第 58—64 页。

袁宁怿:《中国商业银行的结构与绩效——基于市场力量假说与效率结构假说的实证分析》,山东大学 2010 年硕士学位论文。

袁绍波:《我国银行业市场势力与效率》,西南财经大学 2012 年硕士学位论文。

张伯仑:《垄断竞争理论》,郭家麟译,生活·读书·新知三联书店 1958 年版。

张利庠、张喜才:《外部冲击对我国农产品价格波动的影响研究》,《管理世界》2011 年第 1 期,第 71—81 页。

张喜才等:《外部冲击对生猪产业链价格波动的影响及调控机制研究》,《农业技术经济》2012 年第 7 期,第 22—31 页。

赵扬:《中国食用油加工业市场结构与绩效分析》,中国农业大学 2008 年论文。

朱俊峰:《中国烟草产业发展研究》,吉林农业大学 2008 年博士学位论文。

后　记

子曰:"逝者如斯夫,不舍昼夜。"博士毕业至今,恰好五年光景。算上毕业之前的硕博学习阶段,我的学术生涯已经过去整整十年了。十年前的 2009 年春天,我从长沙乘火车北上京城参加研究生复试,那年我 22 岁,正值人生最美好的年华。火车一路向北,我内心充满了期待和不安,期待着翻开人生的新篇章,又为复试的不确定而紧张不安。没想到,复试过程非常顺利,仿佛一切早就安排好了,我最终如愿以偿地考入了中国农业大学经济管理学院,开始了长达五年的硕博连读学习。博士期间,我有幸获国家留学基金委资助,赴美国康涅狄格大学联合培养一年。2014 年博士毕业后,我曾在北京大学经济研究所工作半年多,而后回到家乡,在湖南师范大学商学院任教至今。

这十年,是我人生最重要的阶段,也是过得最充实、最艰辛的岁月。十年里,我从一个经济学的门外汉,背井离乡远赴北京、美国学习,再回到大学的讲坛,为学生传道授业。我深知天生愚笨,基础又差,只能靠心中的理想和情怀苦心钻研,个中艰辛无人能知。在中国农大学习的那几年,我经常能感受到如饥似渴的学习状态,而忘却了周围的世态炎凉。虽然没取得什么优秀成绩,但我却非常享受这个过程。正是这样的阿甘精神,使我能够坚守初心,顺利地完成博士论文。

回忆过往,满怀感恩。我深切明白,自己能有今日的成绩,很大程度上得益于师长的培育、亲人的关怀和朋友的帮助。过去的十年里,最应该感激的是导师王秀清和辛贤两位教授。王老师宽厚仁慈、虚怀若谷,每次与他交谈,总是如沐春风,被他渊博的学识和高远的境界所折服。王老师对学生的关爱是非常纯真无私的,跟学生交流都是以平等的姿态对待,完全没有半点架子。能成为王老师的学生，我感到万分荣幸。辛老师虽然名义上只是我的导师组成员，但他同样对我关爱有加。辛老师不怒自威的气场、严谨务实的作风、超凡脱俗的智慧，让人心生敬意，为之拜服。两位老师是君子之交，关系非常好，看上去性格不同，实质上都是谦谦君子，温润如玉。他们的胸怀格局，是我这辈子都无法企及的。能得到两位老师的指导与提携，说三生有幸，一点都不为过。我还要感谢焦自伟老师及其家人、兄长戴志利这些年来在生活和学习上给予我的关心与指导，让我的人生变得更加丰富而有意义，任何时候我都会铭记在心。

在中国农大求学期间，李建华、田维明、武拉平、何秀荣、冯开文、郑志浩、郭沛、苏保忠、田志宏、李秉龙、肖海峰、乔娟、刘拥军、赵冬梅、马骥、何凌云、吕之望、刘宏曼等老师对我的学习和生活给予了悉心指导和无私帮助，深深感恩各位老师。尤其是田维明和武拉平两位老师，每次向他们请教，他们都会及时详细地给我解答。李军和马铃教授给予了我很多的鼓励和帮助，在此深表感谢。我还要特别感谢师兄司伟教授、蔡海龙教授、师弟肖亦天和师姐邓淑娟老师对我的关心，为我解决了很多生活和学习上的难题。另外，衷心感谢为我提供帮助的方芳、马晓燕、王尧、杨欣、孙静芳、诸葛军等行政老师，以及我本科学校的李泽华、徐建文、匡玉梅、刘导波、肖劲松、石青辉、程凯等老师多年来对我的关心。

感谢博士论文答辩委员会吴一平、郭沛、周静、张莉琴、武拉平、司伟、都阳、安毅等老师对本人论文提出的宝贵意见。我的同门师兄范明、崔登峰、李文明、黄英伟、王强、田涛、王国升、刘凡、祝宏辉，师姐黄晓英、李炎子、王宁、廖薇、崔静、辛翔飞、汪娟、赵雪婷、周宇等在学习和生活上给予了我很大的帮助，在此一并谢过。

借调到国务院发展研究中心农村部期间，崔传义研究员、徐小青部长和伍振军研究员为我提供了诸多指导和帮助，深表谢意。我还要特别感谢国家药品监管总局王小岩司长对本研究的支持。另外，非常感谢国家留学基金委对本人的资助，使我有机会出国留学。在美国留学期间，康涅狄格大学农经系的 Lopez 教授和 Liu Yizao 博士给予了我悉心的指导，农经系的朱晨师姐、李汛师兄等给予了我无私的帮助和关怀，在此深表谢意。

感谢这几年来一直陪在我身边的朋友和亲人。每当我经历低谷时，总能从你

后　记

们那里得到慰藉。当然,最需要感恩的是我的父母。作为地地道道的淳朴农民,他们起早贪黑,用勤劳的双手把我托举到今天的位置,个中艰辛,实难想象。我唯有继续努力,以更大的成就来回报父母的养育之恩。特别感恩我的妻子与女儿,为我的生活增添了无穷的乐趣和丰富的色彩,你们是我继续努力的动力源泉。同时,非常感谢岳父岳母对我们的关爱和照顾。

特别感谢湖南师范大学副校长、大国经济研究中心主任欧阳峣教授对本书的支持以及对本人的关心。欧阳教授开创大国经济研究之先河,在繁忙的行政事务之余,笔耕不辍,呕心沥血,取得了丰硕的研究成果,他对学术的执着追求值得我们敬佩和学习。最后,我要对格致出版社的张苗凤编辑表示衷心感谢,她认真负责、专业细致的工作精神极大地提高了本书的质量。

本书是在本人博士论文的基础上成稿的。我由衷感谢中国农业大学对我的培育,谨以拙著敬献母校和恩师。

感恩所有为本人学习和生活提供帮助的人!

戴家武

2019 年 6 月 21 日于岳麓山下

图书在版编目(CIP)数据

新兴大国的市场力量:以中国食品与烟草产业为例/
戴家武著.—上海:格致出版社:上海人民出版社,
2019.8
(大国经济丛书)
ISBN 978-7-5432-3020-0

Ⅰ.①新… Ⅱ.①戴… Ⅲ.①食品工业-工业企业-
市场营销-研究-中国 ②烟草工业-工业企业-市场营销
-研究-中国 Ⅳ.①F426.82 ②F426.89

中国版本图书馆 CIP 数据核字(2019)第 096734 号

责任编辑 张苗凤
装帧设计 路　静

大国经济丛书
新兴大国的市场力量:以中国食品与烟草产业为例
戴家武 著

出　　版　格致出版社
　　　　　上海人人出版社
　　　　　(200001　上海福建中路 193 号)
发　　行　上海人民出版社发行中心
印　　刷　苏州望电印刷有限公司
开　　本　787×1092　1/16
印　　张　12.5
插　　页　3
字　　数　183,000
版　　次　2019 年 8 月第 1 版
印　　次　2019 年 8 月第 1 次印刷
ISBN 978-7-5432-3020-0/F·1233
定　　价　56.00 元